DESCRIPTION D'ALGER

ET DE

SES ENVIRONS.

OUVRAGES DU MÊME AUTEUR.

***

INDICATEUR GÉNÉRAL DE L'ALGÉRIE, *Description géogra-phique, historique et statistique de toutes les localités com-prises dans les trois provinces*; 3ᵉ édition (1867), entièrement refondue, avec 4 cartes et 3 plans, dressés par M. O. Mac Carthy. 1 vol. in-18 anglais.   **5 fr.**

LES SAINTS DE L'ALGÉRIE, suivis de réflexions religieuses, avec approbation de Mᵍʳ l'Évêque d'Alger. 1 volume in-18 jésus.   **3 fr.**

POÈMES ALGÉRIENS et *Récit légendaires* traduits ou imités en vers d'après l'idiôme d'Alger, suivis des *Algériennes*, poésies diverses. 1 vol. in-12.   **3 fr. 50 c.**

***

ALGER. — TYP. BASTIDE.

DESCRIPTION D'ALGER

ET DE

SES ENVIRONS

par

Victor BERARD

Receveur de l'Enregistrement, des Domaines et du Timbre.

Accompagnée d'un *Plan* et d'une *Carte*

DRESSÉS PAR M. O. MAC CARTHY

(Extrait de la 3e édition de l'Indicateur général de l'Algérie, du même auteur.)

ALGER

BASTIDE, LIBRAIRE-ÉDITEUR

PLACE DU GOUVERNEMENT

—

1867

Alger semble être toute l'Algérie pour la plupart des touristes. Ils n'abordent guère la côte septentrionale des possessions françaises en Afrique, que pour visiter Alger et ses environs, — et ils s'en retournent souvent sans avoir pu ou voulu pousser plus loin leur exploration.

En effet, un voyageur qui n'a que peu de temps à donner à une excursion en Algérie, ne saurait mieux l'employer qu'à visiter la capitale de cette région, où il ne se trouvera pas trop dépaysé dans ses habitudes ni dans ses relations de sentiments et d'affaires. Le transit, aller et retour presque continuel de navires

à vapeur confortables et rapides, le télégraphe électrique, la Banque de l'Algérie, le maintiendront en
communication avec ses intérêts de cœur ou de for-
tune, durant son séjour.

C'est pour satisfaire à cette digne curiosité qui attire
à Alger des étrangers nombreux, et pour l'utilité même
des résidents en cette capitale, que l'éditeur de l'*Indicateur général de l'Algérie* (1) a extrait de l'ouvrage
portant ce titre, un ensemble de renseignements locaux
qui composent cette *Description d'Alger et de ses environs*
à une distance d'une centaine de kilomètres à l'Est et à
l'Ouest, et de cinquante kilomètres au Sud, jusques et
y compris la ville de Blida. Ce périmètre offre un parcours assez développé pour fournir une idée de nos
établissements en Algérie, et des efforts qu'on a dû
déployer pour les fonder.

Pour servir de guide dans cette promenade variée,
un plan de la ville d'Alger et *une carte de ses environs, avec le Nord de la province d'Alger,* dressés par
M. O. Mac Carthy, ont été joints à ce petit volume, aussi
bien qu'une table alphabétique des localités décrites et
à visiter, qui fera l'office d'une nomenclature topogra-
phique, facile à consulter au besoin.

On trouvera, ci-après, ce qu'on pourrait vouloir
connaître au sujet du Trésor et Postes (page 65), de la

_____

(1) *Indicateur général de l'Algérie,* par M. Victor Berard,
un vol. in-18 anglais, avec 4 cartes et 3 plans dressés par
M. O. Mac Carthy. — *Bastide,* Libraire-Editeur.

navigation (page 68), des bateliers, des portefaix, des voitures et leurs tarifs (pages 69 et suivantes).

Il n'est pas inutile, pour les transmissions de nouvelles et d'argent, de noter ici quelques détails relatifs à la télégraphie et aux opérations de la Banque de l'Algérie. Nous dirons aussi quelques mots relatifs à la température et à l'hygiène à observer en ce pays.

Depuis 1857, la communication immédiate de l'Algérie avec Paris, au moyen du câble électrique sous-marin, est établie. Le fil partant du cap de Garde, près de Bône, atteint Marsala, en Sicile, joint le cap Spartivento, à l'extrémité Sud de la Sardaigne, passe par Cagliari ; de ce point un fil va sur Malte et Corfou, la Corse, la Spezzia en Piémont, Turin, Chambéri et Marseille.

En Algérie, le développement total du réseau des fils télégraphiques a plus de 3,000 kilomètres qui se prolonge en Tunisie.

Tarifs officiels pour une dépêche simple de 20 mots

(ADRESSE ET SIGNATURE COMPRISE.)

Entre deux bureaux de la même province d'Algérie... 1 00
Entre deux bureaux de provinces différentes d'Algérie. 1 00
Entre un bureau d'Algérie et un bureau de Tunisie... 2 00
Entre un bureau d'Algérie et un bureau de France.... 8 00
Même taxe pour la correspondance échangée avec la Corse.

Toutes les taxes ci-dessus sont augmentées de moitié pour chaque dizaine, ou fraction de dizaine de mots en sus de vingt.

Les bureaux d'Alger, Constantine, Oran, sont ouverts de jour et de nuit ; les autres sont à service limité, c'est-à-dire ouverts de 9 heures du matin à 7 heures du soir.

L'assemblée nationale a adopté la loi du 4 août 1851, qui a fondé, à Alger, une Banque d'escompte, de circulation et de dépôt, sous la désignation de *Banque de l'Algérie*. La Banque est autorisée, à l'exclusion de tous autres établissements, à émettre des billets au porteur de 1,000, 500, 200, 100 et 50 francs, remboursables à vue au siège de la Banque ou de ses succursales, Oran et Constantine.

Les opérations de la Banque consistent :

A escompter les lettres de change et autres effets à ordre, ainsi que les traites du trésor public, ou sur le trésor public et les caisses publiques ;

A recevoir en compte courant, sans intérêts, les sommes qui lui sont déposées ; à se charger, pour le compte des particuliers, de l'encaissement des effets qui lui sont remis ;

A recevoir, moyennant un droit de garde, le dépôt volontaire de tous titres, monnaies et matières d'or et d'argent.

La Banque reçoit à l'escompte les effets à ordre, payables en Algérie ou en France, portant la signature de deux personnes notoirement solvables, et dont l'une est domiciliée à Alger, ou au siège d'une de ses succursales.

Le taux des escomptes est fixé à 6 p. o/o par an.

Pour les encaissements opérés à l'extérieur, la Banque est autorisée à percevoir un droit de commission qui sera fixé par le Conseil d'administration.

Les personnes qui viennent à Alger, s'y rendent quelquefois pour cause de santé. — Il peut leur être opportun de connaitre la température qui règne en cette ville, et les variations qu'elle subit.

D'après des observations faites pendant vingt-trois ans, à Alger, par le service des Ponts-et-Chaussées, voici quelles sont, sur la côte, les extrêmes et moyen-

nes températures des différents mois de l'année, ainsi
que la quantité d'eau qui y est tombée.

MOIS.	TEMPÉRATURE.			QUANTITÉ d'eau en millimètres.
	Minima.	Maxima.	Moyenne.	
Janvier.	9° 3	16° 6	13° 2	119,5
Février.	10. 4	17. 5	13. 4	112,0
Mars.	12. 6	17. 9	14 8	82,0
Avril.	15. 1	19. 2	16. 9	62,3
Mai.	16. 9	21. 8	19. 5	41,6
Juin.	20. 2	25. 2	22. 9	14,1
Juillet.	21 8	27. 8	25. 6	1,9
Août.	22 1	28. 8	26 4	6,2
Septembre	21. 1	27. 1	24. 3	28,2
Octobre.	19. 1	24. 9	21. 4	67,5
Novembre	13. 9	21. 6	17. 4	111,0
Décembre.	11. 7	17. 3	14. 1	141,6
	16.18	22.14	19.15	787,9

Le climat du nord de l'Algérie étant à peu près le
même que celui de l'Italie et de l'Espagne, et les chaleurs n'y dépassant guère que 1 ou 2 degrés celles des
départements méridionaux de la France, les voyageurs
ne devront pas se dessaisir des vêtements qu'ils ont
coutume de porter, en hiver. Ils n'auront rien à chan-
ger à leurs habitudes d'alimentation, et, à leur arrivée
en Afrique, ils devront craindre de s'abandonner aux
douces insinuations d'une atmosphère attiédie, sous
peine d'éprouver des perturbations dans leur santé, ce

qui peut s'appeler *payer le tribut* de l'imprudence à la nouveauté.

Il faut prendre garde à ne point s'exposer au soleil sans précautions, à l'époque des grandes chaleurs. Les ophthalmies sont amenées par l'imprudence de promener et de dormir en plein air aux heures où tombe le serein. L'excitation perpétuelle de tout le corps, que l'activité intempestive des Européens porte à l'extrême, les prédispose à des congestions cérébrales et appauvrit leur organisme : de là viennent des gastrites, des diarrhées. La dyssenterie est souvent la suite de l'abus des fruits ou des liqueurs alcooliques. La tempérance et un soin raisonnable de la santé, pareront à tous ces malheurs.

Il semble donc utile de se maintenir, en Algérie, dans un régime de modération ; ne point prendre l'habitude des breuvages spiritueux et choisir une habitation saine, facile à bien aérer et à maintenir dans un état constant de propreté.

Aucune maladie contagieuse ou endémique n'a son siége en Algérie. Les Arabes, les Maures, les Juifs, les Nègres, sont exempts de maux qui leur soient héréditaires, et jouissent également d'une bonne santé, aussi bien que les Européens.

« Plusieurs travaux de nos médecins ont prouvé que le séjour hivernal en Algérie était bien plus salutaire aux constitutions faibles et aux poitrines malades, que les résidences tant vantées du midi de la France, où la température s'abaisse toujours beaucoup plus qu'à

Alger, — celles principalement où, comme à Cannes, Nice et Menton, le mistral souffle très-souvent avec une violence qui déchire les poitrines les plus robustes.

« Que demandent, depuis le mois de novembre jusqu'à la fin d'avril, les malades souffrant d'affections pulmonaires ? Ils ont besoin d'un climat chaud, sec, et surtout, de la jouissance du soleil. Ils cherchent un pays où les nuits et les jours diffèrent peu de température ; mais plus encore, une contrée où les mauvais vents soient inconnus.

« Le Midi de la France n'offre point, dans aucune de ses parties, de telles conditions de bien-être pendant six mois consécutifs.

« Alger est à l'abri des vents pendant l'hiver ; la température y est douce et égale, sans grande variation entre le jour et la nuit. Son soleil, — le soleil d'Afrique, — est bienfaisant et permet les promenades à cheval ou en voiture dans les environs, qui sont remarquables par leur luxuriante végétation, et qui fournissent en hiver de succulentes primeurs à l'Europe.

« Ce qui manquait autrefois à Alger, c'était le confortable, — cette satisfaction de tous les besoins et de tous les désirs du riche valétudinaire. Aujourd'hui cette lacune est comblée : Alger est devenu un séjour salubre, commode et agréable. De grands hôtels, qui n'ont rien à envier à ceux d'Europe, et de nombreuses villas, parfaitement appropriées pour les familles, sont maintenant à la disposition des touristes.

« Alger est une capitale ; elle en a tous les avantages

et tous les agréments : société nombreuse et choisie, bals brillants, un théâtre capable de satisfaire les plus exigeants, des promenades, des cercles, des bibliothèques, des musées, etc.

« Que l'on s'informe auprès des Étrangers qui sont venus pour l'hiver ici ; — tous sont d'accord pour vanter les heureux effets qu'ils ont ressentis dans l'amélioration de leur santé. Un grand nombre d'entre eux sont revenus plusieurs hivers de suite. Nous avons lu maintes fois dans les journaux anglais des relations fort intéressantes de voyages, d'hivernages en Algérie, écrites par des touristes enthousiastes de notre climat. » (*Times* du 19 octobre 1866. — *Akhbar* du 6 novembre 1866.

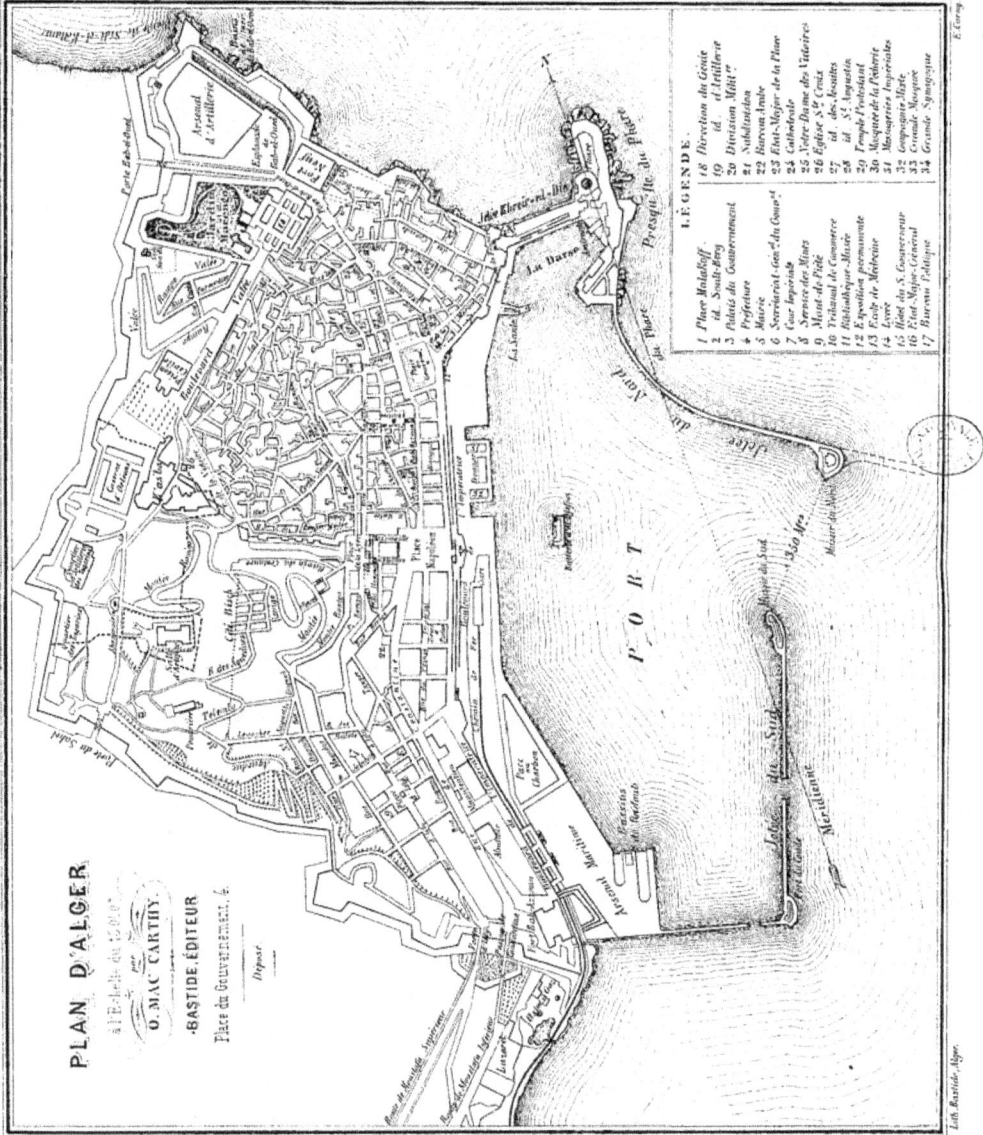

PLAN D'ALGER

à l'échelle du 10000

par

O. MAC CARTHY

BASTIDE ÉDITEUR

Place du Gouvernement, 4.

Dépose

LÉGENDE.

1 Place Mahaloff
td. Soult-Berg
3 Palais du Gouvernement
4 Préfecture
4 Mairie
6 Souscription-Gale du Commt.
7 Cas. Impériale
8 Arsen. des Mines
9 Mont de Piété
10 Tribunal de Commerce
11 Bibliothèque-Musée
12 Équilibrage permanente
13 École de Médecine
14 Lycée
15 Hôtel du S. Gouverneur
16 État-Major-Général
17 Bureau Politique
18 Direction du Génie
19 id. d'Artillerie
20 Division Milit.re
21 Subsistances
22 Bureau Arabe
23 État-Major de la Place
24 Cathédrale
25 Notre Dame des Victoires
26 Église Ste Croix
27 id. des Jésuites
28 id. St Augustin
29 Temple Protestant
30 Mosquée de la Pêcherie
31 Mosquée ou Impériale
32 Synagogue Mzab
33 Grande Mosquée
34 Grande Synagogue

PORT

Port du Nord

Lith. Bastide, Alger.

DÉPARTEMENT D'ALGER.

ALGER

CAPITALE DE L'ALGÉRIE.

SITUATION. Alger est situé par 0° 44' 10" de longitude orientale et par 36° 47' 20" de latitude nord, sur la côte septentrionale de l'Afrique, à 1,644 kilomètres de Paris, 750 de Marseille, 657 de Tunis, 911 de Fez, 1,266 de Maroc, 410 d'Oran, 422 de Constantine.

ASPECT EXTÉRIEUR. Alger, vu de la mer, présente un vaste amas de constructions sur une pente exposée à l'orient, qu'on aperçoit de fort loin. La tour du *phare* se distingue d'abord à la base de cette agglomération qui s'étend le long de la plage, et dont le sommet, à 118 mètres au-dessus de la mer, est couronné par le château de la Kasba. Le boulevard de l'Impératrice, se développant au-dessus du quai et en face du

1.

port, dessine une succession de portiques qui s'étagent sur des rampes savamment ménagées, et forment comme un magnifique soubassement à la cité, qui en reçoit une physionomie locale du plus grandiose effet. La nouvelle enceinte des remparts, vers le haut de la ville, n'enveloppe encore que des terrains vagues et extrêmement accidentés. A droite du spectateur, la Salpétrière et l'hôpital du Dey déploient leurs vastes bâtiments, le quartier de Bab-el-Oued étale ses usines nombreuses, que domine le mont Bou-Zaréa; enfin, plus près encore de la ville, on voit l'arsenal de l'artillerie et le jardin Marengo, accosté de l'importante bâtisse destinée au Lycée. A gauche, le quartier de l'Agha prolonge fort loin sur la côte l'ancien faubourg, dont les constructions, comprises aujourd'hui dans Alger, s'arrêtent au fort Bab-Azzoun; au-dessus apparaît au loin le fort l'Empereur. Dans cette direction, c'est-à-dire vers le S., et sur une ligne demi-circulaire, décrivant une courbe d'environ 16 kilom., qui revient à l'E., en face de la ville, - - les coteaux (le petit Sahel), en descendant graduellement, vont mourir aux abords de la plaine de la Métidja, et se relever un peu pour former le cap Matifou. De nombreuses villas, maisons de campagnes assises sur les pentes verdoyantes de ces collines, bordent le golfe que forme cette configuration de la côte. Une seconde chaîne de montagnes sombres (les monts de Mouzaïa), étend un rideau continu sur le second plan du tableau, et les cîmes neigeuses du Djeurdjeura se découpent en troisième ligne sur le ciel.

IMPORTANCE POLITIQUE. Alger, capitale de l'Algérie, est le siège du gouvernement-général du pays; le lieu de la résidence de S. Ex. M. le Maréchal Gouverneur général, du Conseil du Gouvernement et du Conseil supérieur, qu'il préside, — du Sous-Gouverneur, — du Général commandant la province, — du Secrétaire général du Gouvernement, — de Mgr l'Archevêque, — du Premier Président de la Cour impériale, — du Procureur-général près la Cour impériale, — du Préfet du département, — du Commandant supérieur du Génie, — de l'Inspecteur des Travaux publics, — de l'Inspecteur général des services financiers, — du Recteur de l'Académie d'Alger, — du Chef du Bureau politique, — du Contre-Amiral commandant supérieur de la marine, — de l'Intendant militaire de la division, — des chefs de service de toutes les parties spéciales des administrations civiles et financières.

C'est aussi le siège de la Cour impériale, — d'un Tribunal civil de première instance, — d'un Tribunal de police correctionnelle, — d'un Tribunal de commerce, — de deux Justices de paix (canton S., canton N.), — d'un Conseil de guerre et d'un Conseil de révision.

La police municipale est exercée par un commissaire central, ayant sous ses ordres six commissaires de police.

NOTE HISTORIQUE. — Alger a été fondé par des compagnons d'Hercule le Lybien, qui, au nombre de vingt, quittèrent l'armée de ce héros, et se fixèrent dans l'endroit qu'on nomma plus tard *Icosium*, de leur nombre (Eicosi, *vingt*); les Romains ayant ainsi latinisé le mot grec.
La ville d'*Icosium* fit partie de la Mauritanie Césarienne. A la chute de l'empire, elle devint la proie d'un chef vandale qui la détruisit, mais elle ne tarda pas à sortir de ses ruines,

et, à l'époque de l'invasion arabe, elle devint la propriété des Beni-Mezrr'anna. Elle dépendit longtemps du royaume de Tlemsen, et formait l'apanage du deuxième fils du roi de ce pays. Lorsque les princes de Tunis eurent soumis Tlemsen à leur puissance, et transporté à Bougie les priviléges des Beni-Mezrr'anna, les habitants de la ville que possédaient ces derniers, payèrent une redevance, au prix de laquelle ils se trouvèrent libres, et, à la faveur de la tribu des Oulad Tchaliba, dont une famille, les Beni Teumi, était établie dans la plaine de la Métidja, ils se déclarèrent indépendants, et armèrent des navires pour la course. Pour arrêter ces corsaires, les Espangols, avec Pierre de Navarre, sous le règne de Ferdinand V, vinrent élever un château, dit le *Pégnon*, sur un des îlots qui étaient en face de la ville, désignée alors sous le nom de Djezaïr Beni Mezrr'anna *(les îles des enfants de Mezrr'anna)*, d'où l'on a fait, par abréviation, El-Djezaïr *(Alger)*.

Le cheik des Oulad Tchaliba, Sélim el-Teumi, qui prenait le titre de roi, et avait consenti à payer un tribut aux Castillans, appela à son secours Baba Haroudj *(Barberousse)*. Ce pirate, malheureux devant Bougie, accourut de Djidjeli à Alger. Ses efforts furent encore inutiles contre les remparts dont les Chrétiens avaient entouré l'écueil où s'élève aujourd'hui la tour du phare. Pour tout exploit, il étrangla au bain, Sélim, dont il fit pendre le cadavre aux créneaux de la porte Bab-Azzoun. Le fils de Sélim s'enfuit en Espagne, où il obtint 10,000 hommes, sous la conduite de Diego de Vera, et ne tarda pas à débarquer devant Alger (1515), avec ces forces qui furent repoussées dans leurs navires et anéanties dans la bourrasque qui les accueillit au large. Khaïr-ed-Din, après la mort de son frère Barberousse, eut un succès pareil (1517) sur Hugo de Moncade, réduit en esclavage avec toute son armée, après la perte de leurs vaisseaux. Il prit enfin, sur Martin de Vargas, la forteresse du Pégnon, en mai 1520, aidé par un corsaire français, dont le canon rasa en partie la forteresse. Il établit alors, en trois ans, au moyen de trente mille esclaves chrétiens, le môle qui forme l'ancien port. Il fut remplacé par le vieil eunuque Hassan, en sa position de pacha d'Alger, d'après les ordres de l'empereur de Constantinople, auquel il avait fait hommage de son trône. Charles-Quint, enflé de la gloire que son heureuse expédition contre Tunis lui rapportait dans toute la chrétienté, débarqua devant Alger, le 23 octobre 1541, à la tête d'une armée de 25,000 hommes, la plus belle que l'on eût vue depuis longtemps. Toute l'élite de la noblesse de l'Europe faisait partie de ce magnifique armement. Vaincues par un orage, ces bandes célèbres se retiraient en déroute, le 27, et le 29, se rembarquèrent à Matifou, sur les débris de leur flotte dispersée par une tempête.

Alger, depuis ce moment, devint le plus redoutable repaire

de pirates qui fût au monde. Hassan conquit Biskra, Mostaganem, Tlemsen, et mourut à 56 ans. — Son successeur, Hassan, fils de Khaïr ed-Din, marcha contre le chérif de Maroc, dont il rapporta la tête à Alger (1544). Rappelé par suite d'intrigues de cour, il revint à quatre reprises au pouvoir, et se montra toujours digne de sa naissance, par son courage et la vigueur avec laquelle il poussa ses entreprises. — Salah Raïs, qui reprit Bougie aux Espagnols, mourut de la peste à Matifou (1555). — Mohammed Kordougli fut assassiné à coups de lance, dans le marabout de Sidi Abd el-Kader el-Djilani, à la porte Bab Azzoun, où il s'était réfugié (1556). — Mohammed, fils de Salah Raïs, embellit la ville, purgea la campagne des brigands qui l'infestaient, et fut destitué à cause de sa sévérité (1567). Ali Fortas, célèbre corsaire, se distingua à Lépante, où il commandait la flotte musulmane (1571). Il ravit à la galère capitane de Malte, la statue de St–Jean, qui en décorait la proue, et vint pendre ce trophée à la porte de la marine d'Alger. — Hassan, renégat vénitien, pilla les côtes d'Espagne, d'Italie et de Sardaigne (1582). — Memmy et Akmed Turqui, passèrent successivement du gouvernement d'Alger à celui de Tunis (1583). — Chaban et Mustafa (1592), se firent aimer par leurs vertus. — En 1601, Doria paraît devant Alger avec des Espagnols qu'il rembarque, de crainte des vents contraires menaçant ses vaisseaux du même malheur que ceux de son oncle, sous Charles-Quint. En 1616, le magasin des poudres saute, et l'année suivante, M. de Beaulieu, ayant à venger des insultes faites à notre consul et à nos marchands, vint couler quelques bâtiments. — Le 21 mars 1619, un nouveau traité de commerce, fort inutile par ses effets, est signé entre Louis XIII et le pacha Hussein el-Cheikh. — L'amiral anglais Robert Mansel, ayant à obtenir aussi un traité, parut devant Alger, avec 20 vaisseaux (1620). — M. Chaix, vice-consul de France, fut massacré l'année suivante, par représaille d'un pareil crime, commis à Marseille, sur des sujets de la Régence. En 1624, l'amiral hollandais Lambert se montra avec six vaisseaux. — C'est en 1626, que les Koulour'lis, fils des Turcs, exclus de tous les emplois, se révoltèrent et furent presque tous massacrés. La milice des janissaires, après cette barbare exécution devint intraitable. En 1629, elle renvoya à Constantinople le pacha Younès, qui ne lui plaisait pas, et, en 1631, mit en prison le pacha Hassan, qui n'avait pas été en fonds pour faire la solde. M. Blanchard, consul de France, fut mis aux fers, la piraterie se montra plus audacieuse que jamais. En même temps, la disette désolait le pays, et les pachas, aggravant les maux de leurs administrés, frappaient des contributions excessives. — Dans les deux années 1631 et 1634, l'incendie éclata à la Kasba. — Des navires français, en 1637, prirent le pacha Ali, qui venait de Constantinople. Un tremblement de terre renversa Alger presque tout entier, et les habitants, fuyant leur pays, que ravageait la peste, furent battus sur mer par les Vénitiens, et sur terre par les tribus de Constantine, émigrant en masse pour chercher du pain. Les Janissaires se révoltèrent alors contre le pacha. La Porte en envoyait un nouveau presque tout les ans. — En 1650, les esclaves eux-mêmes, rompirent leurs fers, et commirent les plus grands excès joints aux ravages de la peste, qui reparut et régna jusqu'en 1654.

Enfin, Khelil se mit à la tête d'un mouvement qui eut pour résultat d'annihiler le pacha, et mit le gouvernement entre les mains d'un conseil d'officiers *(aghas)*, qui le massacrèrent quelques jours après (1660). Toutefois, le Grand Seigneur approuva cette modification dans l'administration, et envoya, en qualité de pacha, Ismaïl, homme nul, qui n'était que le représentant du sultan, sans exercer aucune autorité. Ramdan, Chaban, Ali, qui se succédèrent à la présidence du conseil des aghas, furent tour-à-tour massacrés en plein divan. A cette époque, le chevalier Paul, commandeur de Malte, nettoya la mer avec 15 vaisseaux, qui anéantirent beaucoup de corsaires. A la suite de l'expédition du duc de Beaufort sur Djidjeli, la paix fut signée avec la France, le 17 mai 1666.

Les janissaires, simples soldats, remanièrent encore, en 1671, le faîte du pouvoir ; ils nommèrent l'un d'entre eux, Hadj Mohammed Trik, pour commander dans le divan, sous le nom de Dey (patron, protecteur). — L'amiral anglais, Edouard Sprag, et l'amiral hollandais, Ruyter, manœuvrèrent dans la baie d'Alger, doublement menacé par la peste et l'incendie. La poudrière sauta (1677), et le dey, effrayé de tant de malheurs, s'enfuit à Tripoli. — Duquesne vint bombarder, le 4 septembre 1682, et le 26 juin 1683; Baba Hassan, dey, fut poignardé par Mezzo Morto, au moment de ce dernier châtiment, et son assassin, poursuivant le cours des crimes les plus atroces, fit mettre à la bouche d'un canon le P. Levacher, consul de France, et massacrer 25 Chrétiens. Lorsque le marchal d'Estrée vint bombarder, de nouveau, du 1er au 16 juillet 1688, les mêmes scènes d'horreur se renouvellèrent, et M. Piolle, consul de France, périt de la même manière, avec 39 de ses compatriotes. Mezzo Morto réunit en ses mains les pouvoirs de pacha et de dey, et après quelques mois de règne, disparut tout-à-coup. Durant les dernières années de ce siècle, ce ne sont que des assassinats qui s'alternent avec des combats contre Tunis et Maroc. — En 1700 l'Anglais Beach vint couler 7 frégates. — La population d'Alger est décimée par la peste, et les deys subissent le cordon, l'exil ou la prison, lorsqu'ils ne sont pas en mesure de payer la solde aux troupes. — Le bey d'Oran, venu en armes contre Alger, essuya une grande défaite sur les bords de l'Harrach (1710). et sa tête fut attachée à la porte Bab Azzoun.

Ali Chaous, dey, renvoya alors à Constantinople Baba Bou-Sebà, qu'on envoyait en qualité de pacha, et obtint qu'à l'avenir, le dey serait investi de cette dignité après son élévation à ce poste par l'élection des Janissaires tenant garnison à Alger, et y demeurerait le seul maître. — Le grand tremblement de terre qui détruisit toute la ville, en 1716, ne parut pas, aux yeux des musulmans, d'un bon augure pour ce nouvel arrangement. — Mohammed Effendi, qui succéda et eut à lutter 3 ans contre une disette affreuse, fit un traité de paix avec la France, le 23 décembre 1719. Fort débauché, il reçut la punition de ses galanteries : il fut tué d'un coup de fusil, en passant devant la caserne de la porte de la Marine (1724). — Des froids excessifs se firent sentir en 1726; Alger était étouffé sous la neige. Le dey Carabdy ne voulut pas laisser débarquer Azlan Mohammed, que le Grand Seigneur envoyait avec le titre de pacha, pour rétablir cette position dans la Régence; il mourut tranquillement dans son lit en 1732. Il fut loin d'en être ainsi pour ses successeurs : le 23 août, jour de sa mort, six furent élus et massacrés dans la même matinée; Ibrahim, le septième, demeura souverain. Sous son règne, la peste et la guerre contre Tunis furent les événements les plus remarquables. — Ibrahim Khaznadji, son successeur, (1745), fut aussi heureux que lui contre Tunis et Tlemsèn, et mourut d'apoplexie (1748). — Mohammed, surnommé *Il Retorto*, poète vertueux, vint après. De son temps, une éclipse de soleil épouvantable jeta la terreur dans le pays (1753). Des froids rigoureux, la neige, la glace, étonnaient les habitants. Il fut assassiné l'année suivante. — Ali, dey, qui fit la guerre avec bonheur contre Tunis, accabla d'outrages nos consuls (1757). L'escadre du chevalier Fabry vint l'obliger à des excuses humiliantes (1766). — Mohammed ben Otsman, son successeur, ne remporta aucun avantage dans sa longue guerre contre les tribus. Il vit les Danois faire une vaine démonstration contre Alger en 1770, et, en 1775, fut témoin de la désastreuse expédition des Espagnols, sous la conduite d'O'Reilly, qui se rembarquèrent en désordre au nombre de 22,000, après avoir perdu 4,000 hommes dans la plaine de Mustapha pendant six heures de combat. Ils revinrent bombarder deux fois, en 1783 et 1784, avec l'amiral Barcelo. — Baba Hassan, en 1793, fournit des grains à la France, et en 1798, Mustapha, son successeur, se voit forcé à nous déclarer la guerre, par suite de l'expédition d'Egypte. — En 1800, un armistice fut signé. — Le fléau des sauterelles dévasta les campagnes; l'amiral Nelson, en 1804, vint menacer Alger avec une flotte formidable. — L'année 1805 fut fatale aux Juifs; ils furent tous pillés, et Busnach, leur chef, fut assassiné comme ami des Français. — Les deys Ahmed (1808), Ali Khodja Gharsol, (1809), Hadj Ali (1815), et Mohammed Khaznadji, furent étranglés les uns après les autres. — Omar agha, enfin élu, accorda au commodore Décatur que les Etats-Unis seraient affranchis de toute redevance auprès du divan. Lord Exmouth vint dicter les conditions de la sainte-alliance relativement à l'abolition de l'esclavage des blancs. Mal accueilli, il revint bombarder Alger (1816), avec l'amiral hollandais Van-Den-Capellen. — Les sauterelles reparurent avec la peste, et Omar fut étranglé le 8 septembre 1817. On élut à sa place Megheur Ali Khodja, maniaque sanguinaire qui, en une nuit, transporta le siége du gouvernement à la Kasba. Dans l'intérêt des mœurs, il exila toutes les femmes publiques à Cherchel, ce qui causa la révolte des Turcs, qui se réunirent hors d'Alger, et vinrent former le siége de la Kasba. Ali y mourut de la peste au mois de février 1818. — Hussein lui succéda sans élection régulière et se tint enfermé dans la forteresse. Il accueillit mal les amiraux Jurieu et Freemantle, lorsqu'ils vinrent le sommer d'arrêter la piraterie. — Ce fut le 30 avril 1827 qu'eut lieu la violente discussion avec le consul de France, relative au paiement arriéré de la fourniture des grains, à la suite de laquelle la guerre fut déclarée. L'amiral Collet vint recueillir tous les nationaux (21 juin 1827), et commencer le blocus. L'amiral La Bretonnière le maintint (1829). Le 14 juin 1830, enfin, 35,000 Français, sous les ordres du lieutenant-général de Bourmont, prenaient terre à Sidi-Ferruch. Le 19, on gagnait la bataille de Staouéli, le 24, celle de Sidi Khalef; le 4 juillet on prenait le Fort l'Empereur, et la ville était rendue le 5. L'ex-dey Hussein fut déporté en Italie le 17.

Il nous est agréable de terminer le sommaire de tant d'événements violents, souvent déplorables ou sanglants, par le souvenir d'une haute faveur qui s'est inscrite en caractères ineffaçables dans la mémoire reconnaissante des habitants de la ville d'Alger.

Le 17 septembre 1860, S. M. l'Empereur Napoléon III, cédant aux vœux qui l'appelaient sur le rivage africain, arriva en vue d'Alger, accompagné de l'Impératrice. LL. MM. débarquèrent au milieu des acclamations les plus vives, et, après une courte station à la cathédrale, étaient reçues dans le palais du gouvernement préparé pour leur séjour. A midi, le Bey de Tunis entrait dans le port. Il descendait à la préfecture et se rendait immédiatement auprès de l'Empereur pour le saluer. Le 19 septembre, à neuf heures du soir, LL. MM. reprenaient la mer, quittant Alger qui avait compté sur un plus long séjour de ses augustes hôtes.

Le 3 mai 1865, l'Empereur honorait de nouveau Alger de sa présence et, après diverses excursions dans l'intérieur de la province, faisait diriger, le 14, la flottille impériale sur Oran. Revenu par mer le 23, il partit par la même voie pour Stora le 27.

POPULATION. La population de la ville d'Alger y compris celle du faubourg Bab-el-Oued et de la banlieue (quartiers de l'Aga et d'Isly), est de :

Français	16,561
Étrangers	16,003
Israëlites	6,565
Musulmans	9,491
Population en bloc	3,699
TOTAL	52,319

BAIE D'ALGER. La baie d'Alger occupe un espace de 8 à 9 milles, de l'E. à l'O., et sa profondeur est d'environ 4 milles. Elle n'offre aucun mouillage assuré contre les gros temps de l'hiver; car on ne peut nulle part s'y mettre à l'abri des coups de vent du N. Durant la belle saison, on mouille partout indifféremment, dès qu'on est à la distance d'1 mille à 1 mille 1/2 de la côte. Au N. du phare toute la côte est rocailleuse; on n'y mouille jamais.

Au S.-S.-O. du phare, à la distance d'un mille environ, est le fort Bab-Azoun, construit sur le roc, à la naissance de la jetée du S. Au S. de ce fort, la côte forme une petite anse où l'on croirait, au premier abord, que le bâtiment pourrait trouver un abri; mais pendant les grands vents du N., il y a un ressac très-dangereux. La côte continue à être rocailleuse jusqu'à l'embouchure d'un ravin assez profond, qui conduit à la mer les eaux pluviales des hauteurs voisines; ensuite commence une grande plage qui tourne à l'E.-S.-E., et se courbe insensiblement en remontant enfin vers le N. jusqu'à l'Oued-el-Khremis, formant ainsi la plus grande partie du circuit de la baie. Cette plage conserve presque

2.

partout une grande largeur. Elle doit être redoutée par
les baigneurs.

L'embouchure de l'Harrach se trouve presque au milieu de la baie; elle est souvent obstruée par un banc
de sable que les vagues y forment et que les eaux de la
rivière emportent tous les ans à l'époque des pluies.
A l'E. de l'Harrach la plage commence à se relever vers
le N. 2 milles et 1/2 à 3 milles plus loin, elle est in-
terrompue par un pâté de roches basses, où l'on a bâti
le Fort-de-l'Eau. Un joli village portant le même nom,
est assis en avant, en face de la mer. A l'Oued-el-Khremis, le sable disparaît entièrement. Là c'est une falaise
qui, s'élevant graduellement jusqu'au cap Matifou,
dans une direction N. et S., ferme la partie orientale
de la baie d'Alger.

PORT. Le port d'Alger est entièrement artificiel. Il
se composait, à l'arrivée des Français, d'une jetée de
210 mètres environ de longueur, allant de l'O. à l'E.
bâtie par Khaïr-ed-Dìn Barberousse, en 1518, au moyen
de quelques îlots reliés ensemble, et rattachant la ville
au château du phare. Ce fort fut bâti par Pierre de Navarre; il est élevé sur un groupe de rochers qui a, du
N. au S. une étendue de 350 mètres formant un coude
à partir du château, sommet de l'angle, et qui, flé-
chissant en pointe de musoir, revient vers la ville.
Entre cette extrémité, où sont les forges de l'artillerie,
et l'avancée où se trouve le bureau de la santé, est l'entrée de ce vieux port, dit Darse des Turcs.

Dès l'année 1836, divers projets pour l'enrochement

de cette partie du môle, qui est ramenée du N. à l'E., vers l'intérieur de la baie, par une déviation d'environ 40°, ont été mis à exécution. Des blocs de beton, de 14 mètres cubes, ont été lancés à une profondeur de 10 à 30 mètres, et forment une digue qui porte le nom de jetée du N. Son développement est de 700 mètres; à la pointe s'élève un fort. Un prolongement de plus de 200 m. vers l'E., sera donné à cette digue.

La jetée du S. a un développement de 1235 mètres à partir de l'angle S.-E. du fort Bab-Azoun. Elle se compose de deux branches faisant entre elles un angle de 97° 15'. La branche d'enracinement a une longueur de 500 mètres. Elle est orientée E. 15° S. La branche du large, à partir d'un fort dit *du coude*, prend la direction du N.-N.-E. Elle présente un développement de 735 mètres. Un fort se dresse à son musoir. Il y a 340 mètres de passe entre les musoirs des deux jetées. Les profondeurs d'eau, sur la branche d'enracinement sont de 13 à 14 mètres au milieu, et de 18 mètres à l'extrémité. Sur la branche du large, entre le coude et le musoir, elles sont comprises entre 18 et 23 mètres. L'élévation des deux jetées au-dessus du niveau de la mer est de 3 mètres.

La longueur des quais, au pied du boulevard de l'Impératrice, depuis le fond du port jusqu'à la Santé, et de ce point jusqu'à l'origine de la rampe Bab-Azoun, est de 700 mètres. La profondeur de l'eau est, en moyenne, de 2 mètres 15 cent. sur le devant de ce premier alignement, et de 5 mètres 30 cent. pour l'autre.

Sur ce dernier développement le commerce trouve á sa disposition un quai très-large, qui est accostable suivant les besoins, par les navires marchands du plus fort tonnage.

Le port, ainsi constitué, a une étendue de 95 hectares. Il peut contenir 40 bâtimens de guerre et 300 navires de commerce de 100 à 150 tonneaux. En 1866, fin septembre, il était entré 173 navires à vapeur et 639 voiles. — Il était sorti 176 vapeurs et 634 voiles. On a élevé, au milieu du port, une batterie sur un rocher nommé el-Djefna.

QUARTIER DE LA MARINE. A partir du point où la jetée du N. se rattache à l'entrée de l'ancien port, on trouve des batteries formidables défendant la baie. Quelques grotesques peintures du temps des Turcs se voient encore aux voûtes massives des portes extérieures de ces fortifications. Tous ces bâtiments sont actuellement occupés par l'administration de la marine, qui est parvenue à les utiliser pour magasins, ateliers, bureaux ou logements. Quelques travaux de carénage pour la marine impériale, ont lieu sur le quai qui suit ce prolongement.

Au point le plus avancé vers le N., la tour du phare est élevée sur les fondations de la forteresse espagnole dite le *Pégnon*, prise en 1520 par Khaïr ed-Dîn Barberousse. La construction actuelle est l'œuvre de son fils Hassan-Pacha, en 1544. La tour est octogone. Le phare, qui a 35 mètres d'élévation au-dessus du niveau de la mer, est éclairé par un feu tournant, de quatrième grandeur, dont la portée est de 5 lieues, et dont les éclipses, se succédant de demi-minute en demi-minute, ne sont totales qu'au-delà de 2 lieues. Des batteries et un parc d'artillerie occupent l'intérieur de cette tour.

Au fond du port, et à l'endroit où le jetée *Khaïr ed-Dïn* joint l'emplacement de la tour du phare, est un débarcadère voûté, au-dessus duquel se voit un pavillon carré, couronné d'une coupole. Il a été bâti par Hussein, le dernier dey. Il servit de demeure au ministre de la marine du temps des Turcs, et, depuis l'occupation française, a été affecté à l'habitation du contre-amiral commandant supérieur de la marine impériale.

Des hampes de pavillons, pour les signaux, s'élèvent au-dessus de cette construction. L'état-major de la marine et un tribunal maritime, occupent les maisons voisines. Le corps de la marine occupe aussi un magasin faisant face au Sud, s'étendant tout le long du quai de l'E. à l'O., où sont établis les bureaux de l'inscription maritime, de la direction du port et des armements, un corps-de-garde de marins et autres postes de service. Un autre magasin parallèle règne à la partie supérieure de cette jetée, du côté du Nord. Il est affecté aux objets de campement qui arrivent ou qu'on embarque, à l'entrepôt des subsistances militaires et aux magasins du génie.

Sur un petit môle qui, s'avançant de l'O. à l'E. formait l'ancien port, apparaît un monument à colonnes, à l'instar d'un temple grec. Cet édifice est affecté au logement du directeur du port et au service de la santé. A la pointe de l'avancée est une petite pyramide en marbre blanc, ornée de couronnes de chêne et de lauriers, dont le socle, accosté de deux bassins avec têtes d'anubis en bronze, a été disposé à usage de fontaine. Cet espèce de cénotaphe est élevé à la mémoire de Charles de Lyvois, capitaine d'artillerie, mort à 33 ans, victime de son dévouement, dans la tempête du 11 février 1835, ou quatorze navires de commerce et un aviso à vapeur de l'État se brisèrent dans le port.

En suivant le nouveau quai, qui s'avance au S. et fléchit à l'E., on longe à gauche, du côté de la mer, un premier bassin pour le déchargement des petits navires de commerce, — puis, l'entrepôt de la Compagnie de la navigation mixte, — la Douane, — l'entrepôt du service maritime des Messageries impériales, — un second bassin. Les chantiers pour la construction de la gare du chemin de fer, font régner plus loin une grande activité. Plus loin encore, on parvient aux deux bassins de radoub, grande et petite forme, qui sont une œuvre gigantesque, en face du fort Bab-Azoun. On est arrivé à ce point en longeant, vers la ville, du côté droit, à partir du fond de l'ancien port, toute l'étendue du boulevard de l'Impératrice, développant ses arceaux où sont installés des docks, des bureaux pour la navigation commerciale, des magasins pour le lestage des navires, — la succursale de l'usine du gaz à l'agha, des entrepôts pour le gréement — et diverses industries.

Les maisons de la ville, des galeries de mosquées,

les balustrades du boulevard et autres constructions importantes, dominent et couronnent tout ce parcours.

S. M. l'Impératrice a posé la première pierre du boulevard honoré de son nom, le 18 septembre 1860. Ce boulevard s'arrête au magasin du campement. Les travaux qui ont 2,000 mètres de développement, auront un prolongement de 800 mètres, pour former la ligne de défense.

ENCEINTE. La ville d'Alger a deux enceintes : les anciens remparts, et les nouveaux, qui doublent l'étendue de la cité. Hassan, en 1540, éleva le mur, long de 900 mètres, au N.-O., et de 750 au S.-O., creusa les fossés remplis de verdure et de jardins, qui enveloppent encore Alger du point culminant de la Kasba au Fort-Neuf, vers le N., à la nouvelle rue Napoléon, vers le S. Cette muraille, double et triple en quelques endroits, est couronnée de créneaux, percés eux-mêmes de meurtrières et coiffés d'un sommet en triangle qui leur donne l'apparence d'autant de guérites de pierre. Elle renfermait 50 hectares 53 centiares. Les anciens remparts avaient cinq portes.

La Kasba était devenue le lieu de la résidence du souverain d'Alger, depuis la translation (novembre 1816), du siége du gouvernement dans cette citadelle par Megheur-Ali, craignant autant les conspirateurs que la peste qui désolait alors le pays. Ce fut dans cette forteresse que Hussein-Dey se rendit coupable envers la France de l'injure qui amena son expulsion ; mais on ne trouve plus guère de vestiges de son séjour

dans cet édifice, qui est devenu une caserne. La porte
du château existe encore, bardée de tôle. peinte en
vert et fermée par une chaîne avec cadenas, suivant
l'usage des Maures. Elle est surmontée d'une inscription
arabe et d'une galerie mauresque en bois, où brûlait le
fanal et se déployait le drapeau, double emblème de la
puissance souveraine. On voit encore dans la Kasba un
minaret assez gracieux, quelques arceaux à colonnes de
marbre, et des peintures de plafonds qui s'effacent, —
un jardin privé, dont les murs intérieurs sont recou-
verts de carreaux vernissés et entourent une vasque
de marbre. Mais il faut renoncer à retrouver le célèbre
Salon des Miroirs, où quatre-vingts pendules sonnaient
midi durant une heure, et le kiosque où le prince
barbare s'emporta contre le consul Deval. Des caveaux
qui renfermaient le trésor, gardent cependant quelques
traces de leur ancienne destination. Tout cela est encastré, perdu, dans des transformations à la française,
des chambrées de soldats, des cantines, des salles de
police. Les militaires et les gens qui vinrent à leur
suite au moment de la conquête du pays, n'y ont rien
estimé digne d'aucun souvenir. La demeure du commandant du fort est encore belle et riche de perspective.

Les Français ont fait passer une route au milieu du
château de la Kasba, qu'ils ont ouvert par deux portes,
vis-à-vis l'une de l'autre, vers l'O. Ils ont encore percé
une autre petite porte dans l'ancien rempart non loin
du fort, et au-dessous vers le N., qui est nommée Porte
de la Victoire.

La nouvelle enceinte commence au-dessus de la Kasba et du quartier des Tagarins, à l'endroit où sera bâtie une citadelle heptagonale, et descend vers la mer, sur deux lignes, dont l'une, N.-O., de 1,600 mètres, atteint la plage Bab-el-Oued, et l'autre au S.-O., de 1,500 mètres, se termine au fort Bab-Azoun.

Les remparts, bâtis en pierres, soutiennent des boulevards sinueux, plantés d'arbres et bordés de rigoles maçonnées qui contiennent les eaux descendant le long des mille lacets de cette promenade magnifique, d'où la vue embrasse toute la ville et l'immense horizon de la mer. Des jardins, des vallons, des fontaines, des maisons champêtres, du côté du Sud ; deux grandes routes impériales qui partent, l'une du quartier Bab-Azoun, et l'autre de Bab-el-Oued, pour se réunir à la porte du Sahel, sont enfermés dans cette défense, qui a un circuit de plus de trois quarts de lieue sur un plan très-incliné. Treize forts bastionnés, suivant le système de Vauban, viendront encore s'ajouter à cette œuvre formidable, qui enveloppe aussi le Fort-Neuf, bâti à Bab-el-Oued par le dey Mustapha. Il sert aujourd'hui de prison aux militaires condamnés aux travaux.

Le fort Bab-Azoun, au bord de la mer, fut bâti avec les ruines de Rusgunium par Hassan pacha, renégat vénitien, en 1582 ; augmenté en 1798 par le dey Mustapha, il fut réparé en 1816 par des officiers du génie exilés de France pour cause politique. On en a fait une prison pour des militaires.

Les portes de la nouvelle enceinte sont :

La porte Bab-Azoun, au S., auprès du fort de ce nom, qui n'est qu'une ouverture dans la courtine du rempart, que l'on nomme aussi *Passage de Constantine.*

La porte de Constantine, dite d'*Isly*, à peu de distance au-dessus vers l'O.; construction monumentale d'un effet grandiose, qui ouvre deux portiques ornés de colonnes et couronnés d'entablements;

La porte du Sahel, plus à l'O. encore;

La porte Valée, au N.-E., vers Bab-el-Oued;

La porte Bab-el-Oued, à peu de distance de la plage.

PHYSIONOMIE LOCALE. Il n'est guère possible à un Français d'entrer dans Alger sans éprouver une profonde émotion. La vue de tant de travaux opérés pour transformer une ville barbare en capitale d'une nouvelle France, pénètre d'un noble attendrissement et d'une généreuse confiance que l'habitude n'use quelquefois pas, même après de longues années d'efforts sur cette terre d'avenir.

L'intérieur de la ville d'Alger présente un grand disparate dans son aspect : ici des rues larges et nivelées, parfaitement alignées, bordées de constructions neuves, à arcades, et d'une architecture toute européenne, souvent élégante; là, des ruelles étroites et tortueuses que des maisons mauresques, appuyant leurs murs l'un contre l'autre aux étages supérieurs, privent quelquefois d'air et de clarté. Ces labyrinthes escaladent des pentes rapides, et aboutissent presque toujours à des impasses.

Du reste Alger, la capitale de l'Algérie, ne semble

exister que dans cet espace aplani qui s'étend du fort Bab-Azoun à Bab-el-Oued, et à la naissance du rocher incliné sur lequel sont assis les deux tiers de la ville. Les Romains n'en occupèrent pas davantage.

RUES. Les belles rues sont : la rue de la Marine, conduisant du port à la place du Gouvernement ; toutes les ruelles qui desservent le quartier marchand de la ville, tombent dans cette rue où règne un air de solitude aux heures et aux jours de repos.

La rue Bab-el-Oued se montre plus fréquentée ; elle joint la porte de ce nom, qualifiée aussi *Place d'armes*, vers le N., à la place du Gouvernement.

La rue Bab-Azoun, qui part de la place du Gouvernement et va joindre la place Napoléon au S., — la rue Napoléon qui va de la place Malakoff à celle de la Lyre, — sont les plus populeuses d'Alger. Comme les deux autres, elles sont bordées d'arcades, promenoirs à l'abri du soleil et de la pluie, où se presse la foule à toute heure.

La rue de Chartres, parallèle à la rue Bab-Azoun, est toujours encombrée de la population qu'attire le petit commerce ; elle longe la place de Chartres où se tient le marché aux légumes.

La rue Juba, entre la rue de Chartres et la place du Gouvernement, — la rue Neuve-Jénina, la rue du Vieux-Palais et la rue Mahon qui aboutissent à la rue Bab-el-Oued, — la rue Cléopâtre ; — les rues Bugeaud, d'Isly et de Tanger, au nouveau quartier Bab-Azoun, sont de larges rues, nouvellement construites, qui feraient honneur aux plus grandes et aux plus belles villes.

La rue de la Kasba, qui montait par 497 marches, de la rue Bab-el-Oued à la Kasba, élevée à 118 mètres au-dessus du niveau de la mer, — la rue de la Porte-Neuve, qui descend le long du même coteau, — la rue des Consuls, etc., ont aussi quelques constructions neuves d'une grande élévation.

La rue Randon qui s'ouvre de la place de la Lyre à la Synagogue, rue Caton, se borde de maisons d'une grande importance par leur aspect.

C'est dans le haut de la ville qu'il faut voir ce que c'est qu'une rue, ainsi que l'entendent les Maures. La rue Kléber, qui est restée une des plus grandes et des plus belles voies de communication dans ce genre, pourra donner une idée de ce qu'il a fallu faire pour transformer la partie inférieure d'Alger comme on la voit aujourd'hui.

MAISONS. Généralement, les maisons françaises de la partie basse d'Alger ont une belle apparence et sont assez commodes. C'est au quartier Bab-Azoun, aux approches et aux entours des places d'Isly et du Gouvernement, que s'élèvent en plus grand nombre les constructions remarquables avec façades ornées de sculptures, de niches monumentales pour statues, de fenêtres à balcons, corniches et consoles sculptées, dont l'architecture ne manque pas de grandiose.

Les maisons mauresques sont bien autrement riches et curieuses. Elles sont bien différentes de celles en usage au-

jourd'hui en Europe; les maisons romaines, les anciens mo-
nastères, les couvents avec leurs cloîtres, pourraient toutefois
en donner une idée. Elles présentent, à l'extérieur, l'aspect
d'une prison : porte de chêne garnie de gros clous en fer et de
guichets grillés; murs blanchis, percés de quelques fenêtres,
fermées par de nombreux barreaux. Derrière une espèce de
poterne s'ouvre un ou plusieurs vestibules sombres, dont le
parallélogramme est bordé de bancs en marbre qui supportent
des colonnettes formant une suite de petites niches. C'est là
que les fermiers, clients et amis venaient visiter le propriétaire
de la maison. Des lampes suspendues par des chaînes à la
voûte cintrée, éclairaient cette salle d'attente d'où part l'escalier de la maison, qui conduit à une cour carrée, pavée de
marbre ou de faïence vernissée; cette cour est au milieu d'une
galerie de une, deux, trois et quelquefois quatre arcades à
ogive, sur chacune de ses faces. Des colonnes torses à gracieux chapiteaux, de hauteur d'homme, soutiennent cette galerie dominée par un second péristyle décoré d'une balustrade en
bois, travaillée avec goût. Les divers appartements de la maison
prennent leur entrée et leurs jours sur cette galerie intérieure.
Les portes sont à deux battants, garnis chacun d'une plus
petite porte. Les fenêtres carrées et défendues par des grilles
de cuivre ou de fer, sont fermées de vitres enchâssées dans
des croisées que renforcent des volets de marqueterie. Les
chambres sont hautes, étroites, et de toute la longueur de
chacun des côtés de la maison. Vis-à-vis de la porte s'enfonce
une niche où est placé d'ordinaire un divan. Vis-à-vis de chaque fenêtre, une retraite du mur ménage parallèlement une
petite armoire. Aux deux bouts de chaque pièce règne, à quatre ou cinq pieds au-dessus du sol, une estrade cachée par un
rideau pour recevoir les lits auxquels on parvient au moyen
d'une échelle. Quelquefois une étuve avec son plafond en dôme
se trouve dans ces habitations, où de nombreuses retraites
sont ménagées avec assez d'art. Le toit de l'édifice, où s'ouvre
un portique du côté de quelque beau point de vue, est aplani
en terrasse
   Toutes les maisons mauresques sont établies sur le même
plan, et ne diffèrent que de dimension et de magnificence. Ici
telle partie est en brique, en pierre, en fer, qui ailleurs est en
émail, en marbre, en cuivre, admirablement entretenus.
   Les habitations de maîtres, à la campagne, sont conçues
dans le même genre, quant au corps de logis, et répandent
aux alentours des constructions pittoresques dans des sites romantiques choisis avec bonheur.

   Nous indiquerons, comme maisons mauresques les

plus dignes de l'admiration des européens : la maison

provenant d'Hassan-Pacha, où demeure le Gouverneur-

Général. Les colonnes de marbre blanc à chapiteaux peints et dorés, qui forment le péristyle intérieur, aussi bien que les piliers de la salle à manger, sont d'une grande beauté ; une étuve mauresque, en deux cabinets, toute revêtue de marbre de Carrare, et dont le dôme en dentelle de pierre, soutenu par des colonnettes d'albâtre, laisse filtrer le jour à travers des vitraux azurés, se trouve dans un des détours de cette vaste demeure, pleine de réduits mystérieux, habilement ménagés. Les plafonds des appartements, sculptés en bois, sont richemens coloriés et rehaussés de dorures. Le génie militaire, dans l'intention de donner une façade à cette habitation princière, a construit un bâtiment accolé contre, revêtu de marbre blanc, et percé de fenêtres qu'on dit être dans le goût vénitien. Ce travail a donné à l'hôtel du Gouverneur général quelques corps-de-garde en plus, un escalier et une grande salle de réception étouffée par un plafond trop bas, mais, au demeurant, meublée avec magnificence.

L'archevêché, qui s'élève vis-à-vis, est remarquable par les délicates dentelles de stuc qui encadrent les ogives, et par son double portique, à la galerie supérieure.

Non loin, dans la rue de l'État-Major, est l'ancienne demeure de Mustapha Pacha, plus vaste que belle, où sont établis la Bibliothèque publique et le Musée. Auprès, est l'Intendance militaire, la plus vaste maison mauresque d'Alger. Le Tribunal de première instance qui communique avec la Cour impériale, dont l'entrée est dans la rue Bruce ; l'hôtel du Sous-Gouverneur, vis-à-vis; les maisons du Général commandant du génie, rue Philippe, et celle du Secrétaire général du Gouvernement, rue de la Charte, sont toutes pourvues de charmantes colonnes en marbre blanc. La maison de M. le premier Président, rue Socgéma, possède un beau salon sculpté par M. Latour en architecture sarrazine, dans le goût de l'Alhambra.

D'autres maisons, importantes par leur étendue et leurs ornements, jouissent de la vue ravissante de la mer, telle que la maison rue des Lotophages, où était autrefois la Bibliothèque, la plus riche de toutes en marbre blanc, entièrement garnie de faïence et d'émaux de couleurs. Quelques maisons, rues Bab-el-Oued et Bab-Azoun, — celles qui entourent d'arcades la place du Gouvernement, bordent le boulevard de l'Impératrice, et diverses autres constructions dans les rues Napoléon et d'Isly, seraient qualifiées à Rome et à Florence du titre de palais.

PLACES. La place du Gouvernement a 130 mètres du N. au S., sur une largeur de plus de 85 mètres; elle est subdivisée en plusieurs parties par les rues Cléopâtre, de la Marine, Bab-Azoun et Bab-el-Oued, qui la traversent en divers sens, plutôt qu'elles n'y viennent aboutir. Un espace impénétrable aux voitures, présente un parallélogramme s'étendant en vue de la mer, au-dessus de magnifiques magasins voûtés, actuellement affectés aux services de l'armée. On parvient à ces vastes casemates, par un escalier menant aussi à la poissonnerie. Le quadrilatère de la place

bordé par des candelabres de bronze éclairés au gaz,
est marqué au N., au S. et à l'O., par une double
rangée de platanes. Vers la mer se développent des
garde-fous en fonte, espacés par des socles, portant
des candelabres de même, comme toute la balustrade
du boulevard de l'Impératrice au-dessus des quais.
C'est vers la partie orientale de la place que s'élève,
sur un piédestal en marbre blanc, la statue équestre
du duc d'Orléans, fondue par M. Soyez, de Paris, avec
du bronze provenant des canons pris à Alger. Cet ouvrage est dû au ciseau de Marochetti. Le groupe entier a 5 mètres et pèse 8,000 kilogrammes. Les faces
du piédestal sont décorées de deux bas-reliefs en
bronze, représentant au N. la prise de la citadelle
d'Anvers, au S., le passage du col de la Mouzaïa.

La rue Cléopâtre vient joindre, à angle droit, la
chaussée de la rue de la Marine qui traverse de l'E.
à l'O. la place du Gouvernement, et coupe ainsi en
deux le vaste périmètre occupant l'emplacement du
forum de l'antique *Icosium*. A l'E., c'est un espace
planté d'orangers; à l'O., c'est une charmante promenade ombragée d'arbres de la même espèce, de
palmiers, de bambous et pareillement défendue par
des bornes de fonte. Au milieu, un jet d'eau épanche
dans une coupe de fonte une onde qui tombe en
cascade dans une vasque de granit. Quand la nuit,
où le ciel laisse briller tous ses astres, on voit à la
lueur des feux du gaz scintiller autour de cette élégante
fontaine l'eau qui flotte en panache au moindre souffle

du vent, le spectacle est vraiment féerique, bien qu'il
ne soit guère animé que par la partie la moins bril-
lante de la population qui s'est, comme exclusivement,
adjugé les causeuses et reposoirs de cette ravissante
oasis.

Au N., et ajoutant encore par la décoration de ses
arcades et la vivacité de son éclairage au charme de
cet endroit, règne la maison La-Tour-du-Pin, déployant sa façade sévère où s'ouvrent de riches magasins.

Chaque heure amène sur ce grand théâtre son genre
d'habitués ; le costume des personnages y change
aussi souvent que l'aspect de la scène.

Le jour, on jouit de la vue de la mer qui fait
miroiter au soleil sa surface d'azur chargée de paillettes
d'or. Le navire à vapeur, en exhalant sa fumée, quitte
le port sous les yeux des heureux oisifs qui voient, au
même instant, les vaisseaux entrer dans la baie, à
pleines voiles, se couronner de mille couleurs éclatantes,
comme des corbeilles de fleurs, et, tout-à-coup, enve-
loppés de blancs nuages, lancer pour salut leurs bordées
retentissantes. La ville toute entière s'étage vis-à-vis
en amphithéâtre, et semble ouvrir les yeux de toutes
ses maisons pour contempler ce grand spectacle. Les
coteaux verdoyants de Mustapha et la bordure sombre
du Djeurdjeura au lointain, encadrent ce tableau qui
est un des plus riches sur lequel l'œil puisse se reposer.

Le soir, la place du Gouvernement se couvre de
sièges pour la commodité des promeneurs fatigués.
Dans les belles soirées de toutes les saisons, quand la

lune plane et que, en été, la musique exécute des morceaux à grand effet, il est doux de se reposer là, sous les fraîches influences de la brise marine. Une guirlande de feux entretenus par les brillants cafés, — les portiques lumineux qui environnent la place, l'entourent de chatoyants reflets. Cependant la cathédrale d'un côté, et la mosquée de l'autre, se regardant immuables et tranquilles, au milieu de cette agitation des plaisirs, mêlent quelques idées graves aux pensées des amateurs de la promenade sur cette place qui est une des plus belles du monde.

La place de la Pêcherie qui n'est séparée de la place du Gouvernement que par la maison à arcades du café d'Apollon, formant saillie, est le lieu de station des fiacres en forme de calèches.

La place de Chartres, entre les rues de Chartres et Bab-Azoun, se rattache à cette dernière par un large escalier de 34 marches. Elle est bordée d'arcades sur trois de ses faces, au milieu s'élève une fontaine abondante, où l'eau s'épanche d'une double coupe en pierre dans un bassin quadrangulaire.

La place Malakoff, est un espace assez étroit entre la Cathédrale, le palais du Gouverneur-Général, dont nous avons parlé à l'article *Maisons mauresques*, et l'Évêché, lequel offre, pour tout ornement extérieur, une porte dont l'encadrement est de marbre sculpté.

La place du Soudan, plus étroite encore que la précédente, n'en est séparée que par un angle saillant du bâtiment de l'Évêché.

La place de la Victoire, devant la porte de la Kasba, du côté de la ville, n'est guère plus étendue que la précédente ; le portique en marbre où l'on a établi des écoles et des vestiaires d'enfants de chœur, qui fait face à l'entrée de l'ancienne demeure du dey, était le lieu où l'agha, général en chef des Turcs, tenait son tribunal dont la juridiction s'étendait sur toute la campagne environnante.

La place Bab-el-Oued, ou place d'armes, est un champ de manœuvres triangulaire, au bord de la mer, entre un marabout devenu le pied-à-terre, à Alger, des trappistes de Staouéli, et l'arsenal de l'artillerie qui contient une belle bibliothèque à la disposition exclusive des officiers de cette arme. Un peu plus à l'O., sur la route qui conduit à la Kasba, se trouve l'arsenal du génie. C'est sur la place Bab-el-Oued que les amateurs du jeu de boules se donnent rendez-vous. On voit dans l'enceinte de l'arsenal d'artillerie les derniers affleurements de la masse rocheuse où était assis le *Fort des Vingt-Quatre-Heures,* ainsi nommé du temps qu'y passaient au corps-de-garde les janissaires chargés de sa défense. Ce petit château mauresque avait été bâti, en 1569, par le pacha Ali el-Euldje. Ce fut le 27 décembre 1853, que, procédant à sa démolition, on découvrit par l'explosion d'un pétard qui fendit un bloc de béton dans le sens de la longueur, un squelette humain qui fut reconnu pour être les restes de *Géronimo,* jeune Arabe sacrifié pour la foi en Jésus-Christ, et maçonné dans le mur, le 18 septembre 1569, ainsi que l'indiquait l'historien espagnol Haëdo. Ces saintes dépouilles furent transportées triomphalement, le 28 mai 1854, par Mgr l'Évêque d'Alger, dans la cathédrale (1).

Il y a sur la place Bab-el-Oued des carrioles et des mulets pour les excursions vers l'O.

La place Napoléon, ancienne place Bresson, traversée par la rue Bab-Azoun, s'étend sur l'emplacement des deux vieilles portes de la ville, entre le théâtre impérial, à l'O., et un terrassement, à l'E., en vue de la mer, désigné autrefois sous le nom de place du Bournous, et communiquant de plain-pied avec le boulevard de l'Impératrice. La place Napoléon est vaste, elle est le lieu de stationnement des carrioles et voitures publiques, et semble destinée à devenir la plus belle d'Alger.

La place d'Isly, que traverse la rue de ce nom pour conduire à la porte de Constantine, entre une belle allée de caroubiers. Tout le côté O. de son quadrilatère est bordé par le beau collége français-arabe et la maison du Mont-de-Piété. Au milieu surgit la statue du maréchal Bugeaud. Elle a été exécutée par M. Dumont, de l'Institut, et coulée en bronze par MM. Eck et Durand, fondeurs à Paris. Le maréchal est représenté dans son costume de guerre, bien connu de ses anciens compagnons d'armes ; il a la face tournée vers la ville, et peut être aperçu des deux extrémités de la belle

(1) Voir *Géronimo, où le Martyr du Fort des Vingt-quatre-heures,* par M. Berbrugger, 2ᵉ édition, Bastide, éditeur.

voie qui conduit à la porte monumentale de Constantine. La statue, placée sur un piédestal de granit gris de mer, provenant du cap de Fer, d'après le dessin de M. Blouet, de l'Institut, est défendue par un grillage octogone en fonte, formé de flèches, de javelots et de piques en faisceaux à chaque angle. En revenant vers le centre de la ville et avant d'entrer dans la rue Napoléon, est la place de la Lyre, située au-dessus de l'escalier dit *monumental*, s'élevant derrière le théâtre. C'est le lieu de station des revendeurs et marchands de ferrailles.

PASSAGES. Il existe à Alger, plusieurs passages :

Le passage Gaillot, qui met la rue des Consuls en communication avec la rue d'Orléans.

Le passage Duchassaing, qui communique avec la rue Bab-Azoun et le Boulevard de l'Impératrice, est couvert de vitres.

Le passage Mantout, communiquant avec la place de Chartres et la rue du même nom, — avec la rue et l'impasse Scipion. Il est habité par des Israélites tailleurs, et traverse une cour carrée.

Le passage Narboni. Des maures, marchands de tabac et de menus objets, ont établi leur commerce dans ce passage, à ciel ouvert, qui forme l'Y, — aboutissant aux rues Bab-Azoun, de Chartres et du Caftan.

Le passage Malakoff, entre les rues du Vieux Palais, Bab-el-Oued, Jénina, Neuve-Mahon, au centre duquel M. Picon a fait placer un buste en bronze du maréchal Pélissier, sur un cippe de marbre blanc.

Le passage Martinetti, qui n'a rien de remarquable, fait communiquer la rue Bab-el-Oued avec celle des Trois-Couleurs.

Le passage du Commerce, mettant en communication la rue de Chartres et la place du Gouvernement, traverse la maison de la compagnie Liaou Chich. Il est couvert de vitres.

Le passage Napoléon, parallèle au précédent, est recouvert d'un splendide vitrage ; il est orné de sculptures, dallé de marbre, éclairé au gaz avec un superbe éclat ; bordé de magnifiques magasins, c'est un des plus beaux ornements de la ville d'Alger. Le Cercle du Commerce y prend entrée.

MARCHÉS. Le marché pour les objets de consommation journalière, est tenu sur la place de Chartres. Il y en a un autre presqu'aussi important, sur la place d'Isly, où viennent les Arabes, qui y apportent des denrées de toute espèce ; c'est là que les touristes trouveront en tout temps des oranges succulentes et à très-bas prix.

Le marché aux poissons est à la Pêcherie, près de la place du Gouvernement, dans les constructions du boulevard de l'Impératrice.

Le marché pour les fruits, le gibier et la volaille se tient au bas de la rampe de la Pêcherie.

Le marché aux bestiaux, établi à Mustapha, est fréquenté par 250 à 300 Arabes. Ce marché fournit, terme moyen, 80 taureaux, bœufs, vaches, veaux, et 100 moutons par jour.

Le marché aux grains et aux huiles, où les indigènes apportent leurs produits, est établi dans des baraques, rue d'Isly, non loin de la porte de ce nom.

Le bazar Parcifico, rue de Chartres, cour ronde, couverte d'un toit en verre, une grille en fer à la porte, est occupé par des Arabes qui y font des burnous, y vendent des poteries du pays et de grossiers ouvrages de sellerie.

INDUSTRIE. Il n'y a de spécial à Alger, sous le rapport de l'industrie, que des confections isolées de broderies sur cuir, en or et en argent pour selles mauresques, portefeuilles, gibernes, pantoufles. On fait aussi des ceintures de soie brochées d'or, des essences de rose et de jasmin. Les Européens, et surtout les Maltais, se consacrent avec un entrain que le succès justifie, à desservir des débits de comestibles sous toutes les formes. Les tailleurs et les marchands d'habillements, d'étoffes et d'objets de luxe, ont aussi trouvé à placer avantageusement les produits dont la vente les fait vivre dans les grandes villes.

De nombreuses usines existent dans les environs d'Alger; quelques-unes sont très-importantes. Il y a des minoteries à vapeur, des fonderies de métaux, une verrerie, des savonneries, des tanneries, des usines opérant sur le palmier-nain pour en obtenir de la pâte à papier et du crin végétal, — des brasseries, des distilleries de sorgho, de figues, de caroubes et de fleurs odoriférantes, etc.

MONUMENTS PUBLICS. Alger est trop nouveau

encore entre nos mains pour que nous ayions pu y fonder beaucoup de monuments publics On y remarque
cependant :

La cathédrale, sous le vocable de St-Philippe, sur la
place Malakoff, n'est point achevée, bien que les fidèles
puissent jouir de toute son enceinte. Le portail
est décoré de quatre colonnes de marbre noir veiné
de blanc, au-dessus de 23 marches de granit; il est accosté de deux tours mesquines et d'un style étrange.
La voûte en stuc de la nef, sculptée par Fulconis et
Latour, est soutenue par des colonnes de marbre blanc,
dans le goût mauresque. Ces appuis soutenaient le dôme
d'une charmante mosquée située au même endroit, la
Djema Ketchaoua, qui a servi de cathédrale pendant
plusieurs années. Sous un nouveau dôme s'élève le
grand autel au milieu d'un chœur décoré de quatre
grandes colonnes en marbre gris avec bases en porphyre
et chapiteaux en albâtre. Au chevet de l'église sont la
chapelle de la Ste-Vierge, où est une statue de bois
délicatement travaillée et couronnée d'un diadème d'argent repoussé, rapporté de Sébastopol par M. le chanoine
G'Stalter, On trouve encore en cette partie du vaisseau
les chapelles de St-Joseph, Ste-Anne, St-Augustin,
St-Louis, toutes possèdant un bel autel en marbre
blanc et des vitraux habilement peints. Il y a aussi des
vitraux représentant les apôtres et des saints de l'Algérie et éclairant les bas côtés.

Quelques autres chapelles se trouvent à l'entrée de
l'édifice. Dans une d'entre elles s'élève le tombeau

en marbre blanc du vénérable Géronimo. On y lit
cette inscription en lettres d'or :

OSSA

VENERABILIS SERVI DEI GERONIMO

QUI

ILLATAM SIBI PRO FIDE CHRISTIANI MORTEM OPPETIISSE

TRADITUR

IN ARCE DICTA A VIGINTI QUATUOR HORIS

IN QUA INSPERATO REPERTA

DIE XXVII DECEMBRIS ANNO MDCCCLIII.

Ce qui signifie :

« Ossements de Géronimo, vénérable serviteur de
» Dieu, qui, pour la foi chrétienne, a souffert volon-
» tiers la mort, selon la tradition, au fort des Vingt-
» quatre-heures, où ses restes ont été retrouvés d'une
» manière inespérée le 27 décembre 1853. »

Deux plaques de marbre encastrées dans le mur, des
deux côtés du tombeau, portent, l'une la copie gravée
de la bulle qui donne introduction au procès de la
béatification du vénérable Géronimo, l'autre les noms
des commissaires d'enquête qui ont vérifié l'identité
des restes du martyr.

Trois tableaux médiocres, dont deux copies, sont les
seuls qui décorent cette église, riche d'ailleurs en vases
et ornements sacerdotaux.

Il y a dans la nef une chaire formée avec les marbres
qui composaient l'ancienne tribune du prédicateur musulman, au même lieu.

Le Temple protestant, rue de Chartres, ouvre un

beau portique, composé de quatre colonnes cannelées, de l'ordre toscan, soutenant un fronton. Sur la porte, on lit : *Au Christ Rédempteur*. Ce vaisseau, d'une simplicité grave, est éclairé par la voûte. C'est un carré long, dont trois des côtés sont ornés de colonnes supportant une galerie à pilastres. Au fond de cet édifice, et vis-à-vis l'entrée, une demi-coupole gigantesque, qui creuse toute la surface du quatrième côté, contient la chaire évangélique, bel ouvrage en bois de noyer, précédé d'un pupître et accosté de deux escaliers. La table de communion, en marbre blanc, est au devant. Des stalles et des fauteuils remplissent l'hémicycle. Des tapis et des sièges d'une grande propreté, complètent le mobilier de ce temple. Les dépendances en sont disposées de manière à offrir des salles d'archives commodes et des logements pour le Pasteur et les Chantres.

Une grande synagogue, dans la rue Caton, n'offre rien de fort remarquable à l'extérieur, bien qu'elle puisse être citée comme un des plus beaux édifices religieux de la colonie. A l'intérieur c'est un carré surmonté d'une magnifique coupole. L'architecture de ce temple est simple et sévère. Au milieu se trouve la chaire pour le Rabbin officiant ; elle fait face à l'armoire sacrée qui renferme le Pentateuque et que recouvre un riche rideau de velours grenat broché d'or ; le dessin représente deux lions soutenant une couronne. Cette synagogue, qui n'a pas de grandes proportions, contient environ 300 places numérotées pour les hommes ; il y a aussi un certain nombre de places pour les pauvres et les étrangers. Trois vastes galeries sont à la disposition des dames israëlites.

La galerie de 14 arcades sarrazines, de 3 mètres d'ouverture chacune, qui, courant de l'E. à l'O., longe au S., la rue de la Marine, figure les portes de la grande mosquée. Elle a été construite par les condamnés militaires, depuis notre occupation, avec les colonnes provenant de la mosquée bâtie par le pacha Ismaïl, en 1671, qui occupait une partie du périmètre de la place du Gouvernement. Cette galerie, établie sur une ligne brisée, présente, au sommet de l'angle obtus qu'elle forme, un double portique soutenu par des faisceaux de colonnes. Une coupe en marbre blanc s'élève au-dessus d'un bassin de marbre noir, qui est disposé de manière à se déverser dans une seconde cuve de même matière.

On voit, encastrée dans le mur, au pied du minaret, une inscription romaine, reste de l'antique Icosium, portant :

..... VS RVFVS AGILIS F. FL.

..... ATVS D. S. P. DONVM D.

qui indique le don votif d'une construction élevée aux frais de Lucius Cœcilius Rufus, fils d'Agilis.

L'Hôtel-de-ville est un édifice qui a deux faces, l'une rue Bruce, l'autre rue du Vieux-Palais, et longe une partie de la rue Jénina. Là sont établis les bureaux de la Mairie et toutes les centralisations de la maison commune; on y voit de beaux escaliers; une cour intérieure entourée d'une galerie, — une belle fontaine

monumentale, entourée de feuillages, y fait murmurer
ses ondes. Il y a de magnifiques salles et appartements
pour le logement du premier magistrat de la cité.

Le Théâtre impérial, sur la place Napoléon, ancienne
place Bresson, est le monument le plus remarquable
de la ville. Il a été construit par M. Sarlin, sur les
plans de MM. Chassériau et Ponsard. Il présente une
façade de 30 mètres de largeur, élevée au-dessus de
11 marches, accostées de rampes et de candélabres en
bronze. Le gaz est le moyen d'éclairage employé dans
tout l'édifice. Sept portiques donnent entrée dans un
vestibule grandiose, d'où partent des escaliers de marbre d'une grande beauté. Un magnifique foyer qui
occupe toute la façade en vue de la mer, est éclairé par
de doubles fenêtres à entrecolonnement. Une toile de
10 mètres de long et de 5 mètres de hauteur y déploie
le grand tableau d'Alf. Couverchel, — donné par l'Empereur en 1866, — représentant la prise du chérif
Mohammed ben Abdallah, capturé auprès d'Ouargla,
le 18 septembre 1861. — Au-dessus, s'élève encore un
autre foyer, dit *des fumeurs,* communiquant avec les
vastes terrasses qui entourent la voûte de l'édifice, recouverte en zinc. Le bâtiment est complètement isolé.
Tout son revêtement extérieur présente un appareil de
solides pierres de taille. Il est orné de sculptures; mais
ce n'est qu'au frontispice du monument que des statues
emblématiques, des mascarons, des marbres encastrés,
des frises et corniches festonnées, se montrent avec
splendeur sous la protection d'un aigle gigantesque

qui plane sur tout le monument. L'intérieur de la salle est décoré par Cambon de peintures blanc et or, et de tapisseries rouges. Le plafond, où se suspend un lustre étincelant, imite une coupole azurée, fleurie et historiée d'emblêmes. Il y a place pour 1534 spectateurs qui se plaignent quelquefois de l'exiguité du local, et toujours de la perspective et de l'acoustique. Du reste, le public algérien est difficile à satisfaire. Il se pique de goût et de sévérité artistiques.

Un escalier monumental, derrière le théâtre, met la place de la Lyre en communication avec le bas quartier de la ville. Entre les deux rampes s'ouvre une niche gigantesque qui attend une fontaine ou quelque statue. Nous proposons à MM. les membres du conseil municipal d'y faire placer celle de Regnard, notre second poète comique, qui fut esclave à Alger, vers 1680. L'ombre de *la belle Provençale* viendra peut-être quelquefois errer autour de ce monument.

La statue du duc d'Orléans, celle du maréchal Bugeaud, la fontaine de la place du Gouvernement et la fontaine de la place de Chartres, dont nous avons déjà eu lieu de parler, sont tout ce qu'Alger possède encore comme monuments, — en y joignant, si l'on veut, quelques fontaines, dont plusieurs ne manquent pas d'un cachet original.

On compte à Alger un grand nombre de fontaines, et l'eau n'y manque pas en temps ordinaire. Quatre aqueducs, créés par le pacha Hussein, en 1622, — ceux du Hamma, de Telemly, d'Aïn Zeboudja, et de Bir

Treriah, avec une source dite du Rempart, y portent une quantité d'eau qui suffit aux besoins de la ville.

Un immense monument souterrain est le grand égoût de ceinture qui se déverse, au N., derrière le Fort-Neuf, et, au S., derrière le fort Bab-Azoun.

ÉGLISES. Le culte catholique a pour ses cérémonies quatre temples à Alger.

La Cathédrale, déjà décrite à l'article *monuments*.

Notre-Dame-des-Victoires, mosquée à l'angle des rues de la Kasba et Bab-el-Oued. C'est un dôme, entouré de petites coupoles, recouvrant un espace fort insuffisant pour la population de la paroisse. Un chœur a été bâti; la voûte qui le domine prend jour à travers un grand vitrage de couleur. Les murs sont revêtus d'une boiserie sculptée. Un magnifique autel de marbre blanc, rehaussé d'or, a été élevé par souscription des fidèles. Un groupe en pierre, reproduit la Sainte-Vierge avec son divin Fils, d'après le type adopté par l'archiconfrérie centrale de Paris, qui en a fait don. Quatorze tableaux, peints sur toile et richement encadrés, autre don fait par les pensionnats et les fidèles de la paroisse, marquent les stations du chemin de la croix.

Sainte-Croix de la Kasba *(ara cœli)*, est une autre mosquée, tout aussi peu grande, située à l'angle des rues de la Kasba et de la Victoire.

L'Église de la paroisse Saint-Augustin est provisoirement installée dans l'ancien bâtiment de l'entrepôt des farines, à l'angle de la rue d'Isly et de la place du même nom.

Les RR. PP. Jésuites ont construit, rue des Cousuls, une chapelle en style roman, se terminant par un chœur en rotonde. Deüx nefs latérales accompagnent le vaisseau central ; au fond de chacune d'elles est une chapelle. Au-dessus de la nef du milieu, court une tribune à colonnade, séparée des arceaux du chœur par des tympans. L'orgue est au-dessus de la porte d'entrée. Les mêmes Religieux tiennent aussi dans leur maison professe, rue de la Licorne, plusieurs chapelles fréquentées par les Italiens et les Espagnols, qui s'y réunissent en Congrégations.

Les prêtres lazaristes ont une chapelle, rue Saint-Vincent de Paul, à côté d'un joli jardin parfaitement entretenu.

Les Frères de la Doctrine chrétienne ont un oratoire, pour leurs élèves, dans la rue de l'Intendance, où est leur maison centrale.

Le temple protestant a été décrit à l'article *monuments*.

MOSQUÉES. Il n'y a plus que quatre mosquées où se fasse la prière d'obligation du vendredi. La Grande mosquée *(Djama kebir)*, rue de la Marine, à laquelle la galerie de marbre, décrite à l'article *monuments*, sert comme de portique ; c'est un édifice carré, dont les nefs sont soutenues de pilastres. Les murs intérieurs sont blanchis à la chaux. Des nattes d'alfa sont étendues à terre et enroulées autour des piliers à hauteur d'homme. Cet édifice qui est affecté au rite maléki, prend jour du côté du boulevard de

l'Impératrice, et se trouve accosté de terrasses où les
moudzins entretiennent quelque verdure. La mosquée
Djedid, formant l'angle de la rue de la Marine et de
la place du Gouvernement, prend jour aussi du côté
du Boulevard. Elle est bâtie en forme de croix par
un architecte génois qui reçut la mort pour prix de
son travail, considéré des imans comme une insulte
à la religion de Mahomet. Les quatre nefs voûtées
ont, à leur jonction, un dôme que l'Administration
française a fait revêtir de peintures en arabesques.
Quatre pavillons ajoutés par les Turcs dans les angles
des bras de la croix, ont fait de ce temple un bâtiment
carré. Une couronne de créneaux sarrazins encadre
tout le pourtour. Une galerie ouverte, fort vantée par
Léon l'Africain, règne du côté de la mer. Le minaret
est une tour carrée de 25 mètres de haut, revêtue
d'émail, où est établie l'horloge publique, dont les
trois cadrans sont éclairés la nuit. Cette mosquée, où
l'on garde un manuscrit du Coran remarquable par
ses enluminures, est affectée au rite hanefi, professé
par les Turcs. La mosquée dite Djama Safir, rue
Kléber, et la mosquée Sidi Ramdan, dans la rue de
ce nom, sont situées dans la partie haute de la ville.

Ces quatre mosquées sont les seules qui soient en
correspondance ostensible par les signaux et l'appel
vocal, aux heures de prières.

L'intérieur des mosquées est simple : des tapis ou
des nattes et quelques lampes, sont tout l'ornement
de ces temples où se trouve une chaire à prêcher,

une niche vide désignant la situation relative de la Mecque, et quelques cadres renfermant des versets du Coran et la configuration des pantoufles du prophète, entourées d'arabesques. Tout chrétien peut venir examiner l'intérieur de l'édifice. Il verra, à l'entrée, une fontaine qui sert aux ablutions préalables à la prière. Aux heures canoniques il remarquera, sans doute, dans le jour, une petite bannière blanche ou verte, — dans la nuit, un fanal, — que l'on hisse à une potence fixée sur les minarets, — appelant de loin les fidèles que la voix du crieur ne pourrait atteindre.

Il y a encore à Alger un grand nombre d'oratoires sur les tombeaux de saints personnages, ou en des lieux consacrés par le sentiment religieux des Musulmans. La nouvelle enceinte a enveloppé, à Bab-el-Oued, le plus remarquable de tous, le sanctuaire de Sidi Abd er-Rhaman et-Talebi, sorte de Saint-Denis des pachas d'Alger, agrégation de bâtiments et de chapelles au milieu desquels on voit une longue salle où reposent plusieurs deys, autour de la tombe du patron de l'endroit.

Les marabouts reposent, pour la plupart, dans de petites constructions isolées, recouvertes d'une coupole que leur nom désigne. On n'y trouve guère que le tombeau du vénérable personnage, protégé d'un grillage en bois peint de couleurs riantes, environné de drapeaux de soie, et de pans d'étoffes, offerts en manière d'*ex-voto*.

4.

Il faut bien se garder de confondre les exercices religieux des musulmans avec les sacriléges jongleries de quelques indigènes qui se rendent au bord de la mer, en de certains endroits solitaires, et, pour obtenir la santé ou quelque avantage temporel, immolent aux esprits (djinn), des moutons ou des poules, dont le sang est répandu sur un réchaud saupoudré d'encens. Ce spectacle se renouvelle tous les mercredis, au soleil levant, près d'Alger, auprès de deux sources connues sous le nom d'Aïoun Beni Menab, sous les rochers qui bordent la plage Bab-el-Oued, vers la Salpétrière. C'est là, dit Pierre Dan, en son chapitre *des sortiléges*, que les femmes d'Alger allument un petit feu, brûlent de l'encens et de la myrrhe. Cela fait, elles coupent la tête à un coq, dont elles font découler le sang dans ce même feu, en abandonnant la plume au vent, après l'avoir rompue en plusieurs pièces qu'elles sèment de tous côtés, et en jettent la meilleure partie dans la mer. A quoi ces misérables s'emploient avec passion, à cause que par cette cérémonie, qui est, à vrai dire, un pacte avec le diable, elles croient que leurs maris doivent avoir un bon succès dans leur voyage, et qu'elles accoucheront heureusement.

SYNAGOGUES. La grande synagogue, dont il a été parlé à l'article *monuments*, est sur une place à laquelle elle donne son nom, vers le milieu de la rue Randon. Une autre synagogue est encore tenue dans un bâtiment qui prend son entrée dans la rue Sainte, et ses jours sur la place de Chartres.

Les Israélites ont d'autres lieux de prière en divers quartiers de la ville, principalement rue Bisson, où ils ont inhumé un Juif du nom d'El-Ghideur, qui s'était fait musulman, et qu'ils honorent comme Saint. Ils ont encore, dans un de leurs anciens cimetières, à Bab-el-Oued, deux personnages : Harouch et Barrouch, devant la tombe desquels ils n'oseraient mentir en cas de contestation.

CIMETIÈRES. Les cimetières des différents cultes sont au dehors de la ville et du faubourg Bab-el-Oued. Le cimetière chrétien, vis à vis du *Fort des Anglais*,

est divisé d'après les diverses communions, et circonscrit de murs dans une partie de son périmètre. Un
portique d'un style grave y donne entrée. Tout est parfaitement entretenu dans ce séjour du repos. Beaucoup de tombes monumentales et des caveaux de famille s'y font remarquer. Un prêtre pour les dernières
prières, habite dans le cimetière. Il y a une chapelle
et un caveau de dépôt pour les cercueils que les familles veulent faire porter en France.

Les Musulmans ont deux cimetières : l'un à Mustapha,
auprès de la mosquée où se trouve un des tombeaux
de sidi Mohammed, surnommé *Bou Koberin* (1), et
l'autre sur le versant N. de la Kasba.

Le nouveau cimetière des Israélites est à Bab-el-Oued,
un peu plus loin que le cimetière chrétien auquel il
est contigu.

A l'angle N. du bastion qui flanque à l'E. la porte
Bab-el-Oued, est encastrée une plaque de marbre
blanc, portant en caractères hébraïques et romains :
*A la mémoire d'un ancien grand rabbin Simon Durand,
décédé l'an 1442. — Alger, 24 août 1866.*

Au sortir de la porte Bab-el-Oued, sur la droite
de la route Malakoff, s'élève un massif de maçonnerie
qui porte une plaque de marbre du même genre : *A la
mémoire d'un autre ancien grand Rabbin — Isaac
Berft, — décédé l'an 1440.*

(1) Voir les *poëmes barbaresques,* traductions et imitations
de légendes et de poésies algériennes, par V. BERARD. In-18.
Librairie *Bastide.*

Les vénérables personnages inhumés en ces endroits, où s'étendait un cimetière, furent les chefs d'une émigration israélite qui vint d'Espagne à Alger au XVᵉ siècle.

ÉTABLISSEMENTS MILITAIRES. Les établissements militaires sont nombreux à Alger.

La Direction politique des Affaires arabes est établie rue Joinville. Le bureau divisionnaire arabe est rue du Faubourg Bab-Azoun. L'Intendance militaire divisionnaire est rue de l'Intendance. La Direction de l'Artillerie est rue Jean-Bart. La Direction du Génie est rue Philippe La caserne Lemercier, rue de la Marine, et les deux casernes de la rue Médée, sont d'anciennes casernes de janissaires. La caserne de la Kasba est l'ancien palais du Dey. La caserne d'Orléans au N. de la Kasba, est un immense bâtiment qui peut loger un régiment tout entier. Le Grand Tagarin est un ancien caravansérail voûté, que le dey Hussein fit construire au moment du débarquement de l'armée française pour servir de refuge aux habitants qui fuyaient la ville, dans la crainte d'un bombardement. C'est aujourd'hui un quartier d'artillerie, au-dessus de la Kasba. Le quartier de la Gendarmerie occupe une maison particulière dans la rue du faubourg Bab-Azoun.

La poudrière, située sur un mamelon dominant le cours de l'Oued, a été laissée en dehors de la nouvelle enceinte qui, du côté du Fort l'Empereur, a enveloppé un autre dépôt de poudre et la salle d'artifice.

Les magasins des fourrages ont une succursale rue du faubourg Bab Azoun, et leur entrepôt général à

Mustapha Inférieur. La manutention *(Pain)* est au même quartier. Les magasins des subsistances *(Vivres de campagne et liquides)* sont sous les voûtes immenses qui supportent le terrassement de la place du Gouvernement, et à la Salpétrière *(Magasins aux blés)*, qui sert parfois de succursale à l'hôpital militaire du Dey. Le Fort-Neuf contient un dépôt de *blé* et d'*orge*. Le magasin central des hôpitaux militaires est rue des Consuls ; l'entrepôt de la Pharmacie Centrale, rue Macaron, dans une ancienne caserne de janissaires. Le magasin du *Campement* occupe un bel édifice, au bord de la mer, rue du faubourg Bab-Azoun. L'hôtel des Conseils de guerre est situé rue Scipion. C'est au fort l'Empereur que les militaires subissent les punitions disciplinaires. Ceux d'entre eux qui sont condamnés aux travaux publics, habitent le Fort-Neuf. Les locaux, qui sont fort étendus, se composent d'une suite d'anciennes casemates bien aérées, où l'on a établi une grande chapelle voûtée, une école d'enseignement mutuel, des salles de conférences, de lecture, de gymnastique, et même de spectacle. Les condamnés à la réclusion sont enfermés au fort Bab-Azoun.

L'hôpital du jardin du Dey, magnifique villa bâtie en 1791, se composant de beaux et grands édifices mauresques et de jardins enchanteurs, arrosés des eaux les plus vives, est un beau séjour, enclos de murs, qui appartenait à la famille de Hassan-Pacha. L'administration militaire a élevé une grande construction contenant 1,600 lits, une chapelle, et de vastes dépendances sur cette propriété. La Salpêtrière (édifice construit pour la confection de la poudre au temps des Turcs), développe aussi des cours et des constructions étendues, qui sont contiguës au jardin du Dey.

L'État-Major de la Place a sa maison place de la Pêcherie, à l'angle de la rue de la Marine.

L'Inspection générale des lignes télégraphiques est rue des Consuls. La direction pour l'envoi et la réception des dépêches est dans le nouvel édifice de l'hôtel du Trésor, sur le boulevard.

ÉTABLISSEMENTS CIVILS PUBLICS. Le palais de Son Exc. le Gouverneur général est situé sur la place dite Malakoff.

Sont situés : le Secrétariat-Général, rue de la Charte; la Cour impériale, rue Bruce, — on y conserve une bibliothèque à l'usage exclusif des membres du Parquet; — les Tribunaux civils de première instance, rue de l'État-Major; les prétoires de Justices de paix, rue Jean-Bart; le Tribunal de commerce, rue d'Orléans; l'Archevêché, sur la place Malakoff; la Préfecture, dans la rue Soult-Berg, entre les rues d'Orléans et de la Révolution. L'entrée des Bureaux de la Préfecture est rue d'Orléans.

Les bureaux de l'Ingénieur en chef des Ponts et Chaussées sont rue Neuve-Mahon. Ceux de l'Ingénieur en chef des Mines sont rue Bab-Azoun, maison Catala; les laboratoires et les collections de minéralogie sont rue Bab-Azoun, ancienne caserne des Lions. La Direc-

tion des Domaines a ses bureaux rue Neuve-du-Soudan;
la Direction des Douanes, dans la maison Catala, rue
Bab-Azoun; la Direction des Contributions diverses,
rue Neuve-Mahon. La vérification des Poids et Mesures
a lieu rue des Marseillais. Le service des Bâtiments
civils est situé rue Napoléon, au coin de la rue du
Lézard. Les bureaux des Bâtiments communaux sont à
la Mairie; l'hôtel de la Mairie a une entrée dans la rue
Bruce, une autre rue du Vieux-Palais. Les bureaux de
la Police centrale sont rue de l'Intendance.

Le bureau arabe départemental est à la Préfecture.
Le Cadi tient une prison dans la rue de la Charte.

La Prison civile, entre les deux enceintes, du côté
de Bab-el-Oued, est un fort beau bâtiment neuf d'une
grande étendue, d'une grande salubrité et parfaitement
entretenu. Toutes les cellules rayonnent vers un point
central où on célèbre les offices religieux.

Le bureau de bienfaisance pour les Européens est rue
Bruce. Le bureau de bienfaisance spécial pour les Indigènes, et le bureau arabe civil, distribuent des secours
aux pauvres musulmans, en faveur desquels de nombreuses fondations avaient été faites, au temps des
Turcs. En 1866, une somme de 57,542 fr. 82 c. a se-
couru 6,574 individus, c'est-à-dire la moitié à peu près
de la population musulmane; 22,000 fr. de subsides ont
été distribués à d'anciens employés musulmans. Il a été
ouvert une maison de refuge pour trente-six vieillards
musulmans, que soignent les Sœurs de la miséricorde,
rue des Pyramides. Le consistoire protestant est venu

en aide à 329 individus et le consistoire israëlite à 2,500 pauvres de sa religion.

Le Mont-de-Piété est situé place d'Isly ; il y a eu en 1865 — 53,893 déposants.

L'hôtel de la Banque est un beau bâtiment sur le boulevard de l'Impératrice.

La Caisse d'épargne est ouverte le dimanche, rue Bruce. Au 31 décembre 1865, — 3.275 déposants avaient versé la somme de 988,254 fr. 34 c.

L'Hôpital civil est en dehors d'Alger, à Mustapha inférieur ; il est établi dans un ancien camp, où 450 lits remplissent des baraques qui tombent en ruines. Des sœurs de charité et des infirmiers donnent leurs soins aux malades. Du 1er juillet 1865 au 30 juin 1866. il y a été traité 6,232 malades. En 1865, — 2,754 vaccinations ont été opérées. La maison de la Miséricorde alimente 142 nourissons. Les aliénés dans l'indigence sont entretenus aux frais de l'administration à Aix et autres asiles de la métropole. Il y a une crèche pour les enfants au quartier Bab-Azoun.

Dans la rue Gagliata, se trouve un hôpital (dispensaire), pour les femmes surveillées, qui sont malades ou insoumises. Il y a 60 lits dans cet établissement, et une chambre de correction. Le nombre de ces femmes, inscrites sur les contrôles de la police, dépasse le chiffre de 600. Au quartier de l'Agha, à l'ancien Lazaret, est une prison pour les femmes.

L'abattoir civil est dans la rue du faubourg Bab-Azoun, vers la mer.

L'Exposition permanente des produits algériens occupe cinq voûtes du boulevard, remplies des plus curieux échantillons de la culture, des produits naturels et de l'industrie du pays. Qu'on aille dans ce vaste musée se pénétrer un peu de ce noble orgueil que ressentent les cœurs généreux et français, en admirant ces trophées de la conquête que nous sommes venus faire sur ces bords, au profit de la civilisation de l'Afrique et de la gloire de la France. Dans une salle, à l'entrée, s'élève un buste de l'Empereur sur un stylobate d'agathe translucide d'Aïn Tek'balet, reposant sur un socle de marbre blanc de Filfila. Des armoires vitrées contiennent une collection intéressante relative à la zoologie locale. Il y a surtout une belle collection ornithologique.

BIBLIOTHÈQUES ET MUSÉE. La Bibliothèque de la ville d'Alger, qui possède aujourd'hui 15,000 volumes et brochures, et 3,000 manuscrits arabes, est ouverte tous les jours de la semaine, de midi à cinq heures, excepté le jeudi et le dimanche. Elle est installée dans la vaste maison dite de Mustapha-Pacha, rue de l'État-Major. L'Empereur l'a visitée le 9 mai 1865. A la galerie supérieure on voit un tableau d'Eugène Ginain, donné par Sa Majesté en 1863, représentant la soumission de Mahi-Eddin, agha des Beni Slimann, le 27 septembre 1842. Dans les salles du Musée, au rez-de-chaussée, on voit une copie, par Ronot, du grand tableau de Gendron, représentant les chefs du Caire faisant leur soumission à Bonaparte, et une autre toile

remarquable, reproduisant la tempête du 11 février
1835, dans le port d'Alger, par Morel Fatio. Un grand
nombre d'inscriptions arabes et de débris d'anquités
sont rangés dans les salles basses. — Les antiquités
les plus remarquables sont: une belle statue de Nep-
tune de 2 m. 40 c. de hauteur, — un torse de Vénus,
une statue de jeune fille, un jeune Bacchus, un groupe
fruste d'hermaphrodite, — trois grands cercueils, dont
deux curieusement sculptés; un bas-relief provenant de
Carthage, composé de trois personnages, — une chaise
de bain, — tous ces objets sont en marbre blanc. En
mosaïque on voit trois amphitrites, un chasseur, un
Bacchus et un parquet d'un dessin fort élégant; il
a été découvert près de deux citernes romaines, lorsqu'on creusa sur la place Malakoff pour asseoir les
degrés du portique de la cathédrale. On voit encore
le plâtre original obtenu au moyen de l'empreinte
laissée par le propre corps du vénérable martyr Géronimo, dans le bloc de pisé où il fut jeté vif par les
Turcs d'Alger, le 18 septembre 15C9. — Quelques
pierres tumulaires et des restes d'églises chrétiennes
complètent toute la richesse de ce Musée. Il existe dans
les salles de dépôt une quantité de menus objets curieux, qui ne peuvent être exposés faute de locaux.
— La relique la plus importante pour la fixation du
lieu où s'élevait Icosium (Alger d'aujourd'hui) ne
figure pas parmi ces archives du passé. C'est une pierre
cubique, employée dans la construction d'une maison
à l'angle des rues Bab-Azoun et du Caftan. On y lit:

J. SITTIO. M. F. QVIR.

PLOCAMIAN

ORDO

ICOSITANOR

L. SITTIVS. P. F. QVI

CAECILIANVS

PRO FILIO

PIENTISSIMO

H. R. I. R.

D'où il résulte, suivant la traduction de M. *Berbrugger :* que l'ordre des décurions d'*Icosium* a dédié cette inscription tumulaire à Julius Sittius Plocamianus, fils de Marcus Cæcilianus, qui faisait partie de la tribu Quirina.

Bibliothèque du Gouvernement général, contenant 6,000 volumes et des manuscrits précieux; cette Bibliothèque est ouverte au public, hormis les jours fériés, de midi à quatre heures, — et de 7 à 10 heures du soir. — Elle est située rue d'Orléans, nᵒ 10.

L'industrie particulière compte sept imprimeries en caractères, qui sont plus que suffisantes pour les besoins du pays. Il y a aussi plusieurs imprimeries lithographiques et autographiques.

JOURNAUX ET REVUES. On compte, en ce moment, à Alger, plusieurs publications périodiques : 1ᵒ le *Bulletin officiel du gouvernement général de l'Algérie*, —2ᵒ le *Moniteur de l'Algérie*, journal officiel paraissant tous les jours, excepté le lundi, — 3ᵒ le *Mobacher*, journal officiel arabe-français imprimé dans les deux langues, paraissant trois fois par mois. Cette feuille est destinée à propager nos idées civilisatrices dans les populations indigènes, — 4º l'*Akhbar*, paraissant les mardi, jeudi, vendredi et dimanche, — 5º le *Courrier de l'Algérie*, paraissant tous les jours, excepté le lundi, — 6º la *Revue africaine*, journal des travaux de la Société historique algérienne, paraissant tous les deux mois, — 7º la *Gazette médicale de l'Algérie*, paraissant tous les mois, — 8º le *Bulletin de la Société d'agriculture*, paraissant tous les trois mois, — 9º le *Journal de la Jurisprudence de la Cour impériale*, paraissant aussi tous les trimestres.

Enfin, la *Colonie*, le *Chitann*, l'*Algérie*, etc., feuilles littéraires et humoristiques.

INSTRUCTION PUBLIQUE. Une école préparatoire de médecine et de pharmacie est instituée, par décret du 4 août 1857. En l'année scolaire 1865-1866, 31 élèves, dont 4 musulmans, ont suivi les cours. Il a été pris 69 inscriptions.

Le Lycée impérial, rue Bab-Azoun, est dans une ancienne caserne de janissaires, que l'on va démolir pour le prolongement du Boulevard. On compte plus de 650 étudiants.

Des ministres des différents cultes sont attachés à l'établissement. — L'enseignement comprend les langues française, latine, grecque, arabe, anglaise, belles-lettres, philosophie, mathématiques pures et appliquées, cosmographie, physique, chimie, sciences naturelles; le dessin d'imitation, dessin linéaire, le lavis, l'écriture, la musique vocale.

L'enseignement classique est réparti en trois divisions :

1º Division élémentaire; 2º Division de grammaire; 3º Division supérieure, qui comprend les quatre classes d'humanités et a pour sanction le baccalauréat ès-lettres.

Un cabinet de physique, des collections d'histoire naturelle, et un laboratoire de chimie, permettent de donner aux cours de sciences le développement expérimental qu'ils réclament.

En dehors de l'enseignement classique, il existe au Lycée un enseignement spécial pour les jeunes gens qui se destinent à des carrières où le titre de bachelier n'est point exigé. Une école primaire est aussi annexée au Lycée. Les pensionnaires et demi-pensionnaires prennent deux leçons de gymnastique par semaine. Ils reçoivent à l'infirmerie tous les soins que réclameraient leur état de maladie. Il y a deux sorties par mois. Les élèves pensionnaires entretenus par le Lycée, payent 800 fr. par an et doivent, ainsi que les boursiers de l'État, fournir un trousseau. Les élèves entretenus par leurs parents, paient 740 francs par an. Les demi-pensionnaires payent 500 francs par an.

Les livres classiques, les papiers pour devoirs, dessin et écriture, les plumes et les crayons, sont fournis par le Lycée. Un arrêté du pouvoir exécutif, en date du 23 décembre 1848, a reconnu 52 boursiers, à trois quarts et à demi prix. Les externes surveillés payent 80 francs par an. Les externes libres, 100 francs par an dans la division supérieure, 80 francs dans la section de grammaire et 60 francs dans la division élémentaire.

On achève de construire sur la place Bab-el-Oued, le nouveau Lycée qui semble devoir être le monument le plus remarquable de la capitale de l'Algérie et recevra 800 élèves.

En creusant les fondations on a découvert, le 16 juin 1863, à une profondeur de 12 m. 50 cent. un caveau sépulcral nommé par les anciens *Sepulcrum familiare* (tombeau de famille). — Cet hypogée voûté, haut de 2 m. 65 cent. et large de 2 m. 24 c. a été conservé sous les constructions nouvelles. Il consiste en un petit couloir, contenant deux niches et séparé de la chambre sépulcrale par une porte en pierre, dont les pivots roulent dans des crapaudines creusées dans le seuil et le liteau. On descend trois marches pour parvenir dans la crypte voûtée dont les murs offrent des niches (columbaria) et une banquette de pierre (podium) sur les quatre faces. On y a recueilli deux lampes, dix-huit vases en verre (lacrymatoires) et quinze autres en terre, contenant des ossements calcinés. Cette sépulture date de l'époque des Antonins et n'a pas moins de seize à dix-sept siècles.

Une chaire de langue arabe est tenue dans une des salles de la Bibliothèque de la ville, tous les jours, — exceptés les jours fériés.

Diverses conférences sont ouvertes au public le soir : 1° cours d'instruction élémentaire pour les adultes, rue de l'Intendance, à l'école des Frères ; 2° école préparatoire aux Arts-et-Métiers, rue Bab-el-Oued ; 3° orphéon dans une des salles de la Mairie. En outre un cours de mathématiques appliquées se tient dans le local de l'école préparatoire aux Arts-et-Métiers et des cours de littérature et de géographie ont lieu à l'école communale de la rue Socgéma.

Il y a, à Alger, cinq écoles primaires communales, qui sont situées : rue Mogador, rue de l'Intendance, rue Doria, rue Bélisaire et rue Soggéma, sous le dôme d'une ancienne mosquée. Les trois premières sont dirigées par les Frères de la Doctrine chrétienne. Les jeunes protestants ont une école qui leur est particulière, et qui se tient dans leur temple, rue de Chartres.

Quant aux écoles communales pour les jeunes filles, elles sont tenues par les Dames religieuses de la Congrégation de St-Vincent-de-Paul, qui ont leurs classes au couvent de la Miséricorde, derrière la cathédrale ; elles ont aussi une salle d'asile en cet endroit, et une autre au faubourg Bab-el-Oued. Les Sœurs de la Doctrine chrétienne ont une école communale, rue Charles-Quint et une autre avec pensionnat et salle d'asile, rue des Mulets. Les demoiselles protestantes ont une école à part.

L'industrie privée a fondé une quantité d'autres établissements sous le titre d'écoles d'instruction élémentaire, ou d'écoles primaires, dont quelques-unes préparent les sujets pour les humanités et les hautes études.

Plusieurs Dames ont ouvert de bonnes maisons d'éducation pour les jeunes demoiselles.

Les Musulmans et les Israélites ont pareillement divers moyens d'arriver à l'instruction :

Un collége impérial arabe-français est créé à Alger, par décret du 14 mars 1857.

Ce décret dispose : Art. 1er...... Les jeunes Français sont admis à suivre les cours du collége.

Art. 24. Les élèves qui auront subi avec succès, au terme de leurs études, un examen officiel, recevront un diplôme spécial, qui équivaudra au baccalauréat pour les emplois donnés en Algérie par le Gouvernement général.

Le collége arabe-français compte 166 élèves ; 99 pensionnaires, 67 externes.

L'école arabe-française, rue de la Porte-Neuve, reçoit 158 musulmans et 22 européens.

110 bourses d'apprentissage ont été distribuées à des sujets méritants, en 1866, sur la proposition de la Commission de patronnage.

Les demoiselles mauresques, au nombre de 200, reçoivent l'instruction dans deux ouvroirs.

Les jeunes Maures et Israélites ne manquent pas de petites écoles ouvertes dans les quartiers les plus fréquentés par leurs familles, où leur sont donnés, dans leur langage, les éléments de lecture pour leurs livres sacrés, et les premières instructions de leurs religions. Une salle d'asile pour les enfants musulmans, est fréquentée par 150 enfants.

Les Israélites ont deux écoles françaises : l'une située rue Bleue, sous le nom de *Talmud Thora*, donne, par souscription, à ses élèves les plus pauvres, la nourriture et l'habillement ; l'autre est rue Scipion, nᵒ 4.

Les demoiselles israélites ont une école française, rue Bélisaire, et une salle d'asile, rue Jean-Bart, fondées par M. H. Cohen Solal, et administrées comme l'école du Talmud thora.

SOCIÉTÉS. L'archiconfrérie de la Ste-Vierge se réunit les dimanches et fêtes, à sept heures du soir, dans l'Église Notre-Dame-des-Victoires, rue de la Kasba. — L'association des Dames de charité, se compose d'une réunion de personnes pieuses qui, sous la présidence de l'une d'entre elles, veille aux moyens d'existence et d'éducation d'un nombre de jeunes orphelines confiées aux soins des Dames du Bon-Pasteur, et s'adonne aux bonnes œuvres de toute espèce. — La société de St-Vincent-de-Paul compte quelques membres laïques recherchant les malheureux pour les secourir et les sustenter. — Le comité des secours pour les protestants travaille par les mêmes moyens et dans les mêmes intentions de miséricorde. — La société de St-François-Régis s'occupe officieusement à régulariser les mariages des personnes qui veulent rentrer dans le devoir et reconnaître leurs enfants. Fondée le 17 décembre 1844, dans une période de dix ans elle a fait légitimer 1,083 unions ; en 1855, 202 mariages, dont 109 à Alger, ont été régularisés. — Les Italiens et les Espagnols ont de nombreuses congrégations et confréries, dirigées par les RR. PP. Jésuites. — Comme réunion spéciale de bienfaisance, s'occupant de haute morale et de littérature philosophique, il convient de mentionner ici la Loge maçonnique chapitrale et aréopagite, sous le titre distinctif de *Bélisaire,* dont le local est au fond de l'impasse Navarin.

Les décrets des 6 octobre 1850 et 22 avril 1853, ont institué une Chambre Consultative d'Agriculture.

La Société Impériale d'Agriculture, fondée par 30 membres, doit être mise en tête de toutes les réunions scientifiques, comme ayant été constituée par arrêté du maréchal Valée, en date du 25 octobre 1840. — La Société Historique Algérienne, s'occupant de recherches archéologiques relatives au pays, a été créée par arrêté de M. le Gouverneur-Général, du 7 avril 1856. Elle se réunit les premiers vendredis de chaque mois, à 8 heures du soir, dans une des salles de la Bibliothèque.

Alger compte trois sociétés de secours mutuels :

1o Arts et métiers, la première fondée à Alger, en 1858, par M. Malleval, facteur de la poste aux lettres ;

2o Société des médaillés de Ste-Hélène, créée par décret du 22 février 1862 ;

3o La famille.

La société et cercle de climatologie algérienne, a son local rue des Trois-Couleurs, no 19.

5.

Il existe aussi :

La société des anciens élèves du Collége et du Lycée d'Alger.

La société des anciens élèves des arts et métiers.

La société des sauveteurs, inaugurée par M. Philippe, libraire.

La société des sapeurs-pompiers.

Le Cercle d'Alger a son magnifique local dans la maison Lesca, ayant vue sur le boulevard et sur la place du Gouvernement. Il est pourvu d'un excellent maître d'hôtel. Le Cercle du Commerce, composé des notables habitants et des principaux commerçants d'Alger, passage Napoléon, a vue sur la place du Gouvernement. On y reçoit tous les journaux et les publications mensuelles.

Il existe une société protectrice des animaux.

Les Musulmans ont des confréries religieuses, telles que celles des Aïssaoua, rue Sidi Boukdour, qui mangent des scorpions, des serpents, du fer rouge, des carreaux de vitres (c'est une chose à voir) ; celles de Moulai Taïeb, rue de la Mer Rouge, d'Abd er-Rahman Talebi, de sidi Mohammed Bou Koberin, etc.

Les Nègres idolâtres se rassemblent dans les rues Sidi Abdallah, Katarougil et impasse du Darfour, dans des maisons nommées *zouzou*, où ils se livrent à des cérémonies bizarres, aux jours de leurs fêtes appelées *dordoba*, au milieu desquelles apparaissent *chitan* (satan), les *djinn* (les diables), et autres gens de fort mauvaise société.

THÉATRE IMPÉRIAL. Cet édifice qui s'élève sur la place Napoléon, a été décrit ci-dessus, à l'article *monuments*, page 124. On donne, sur ce théâtre, le grand opéra, l'opéra comique, la comédie, le drame, le vaudeville, — aux jours de dimanches, mardis, jeudis et samedis. Des bals, des concerts, des représentations extraordinaires d'artistes de passage, en tous genres, ont lieu aussi dans ce bâtiment. MMes Laurent, Tedesco, Wertimberg et Juliette Borghèse, se sont fait entendre sur cette scène dans les divers genres d'interprétation où elles excellent; Me Cabel a été l'objet d'un véritable triomphe.

Le célèbre Roger est aussi venu chanter dans cette salle, et y a été accueilli comme le mérite son talent.

Le vaisseau ne contient que 1,534 spectateurs, dont un certain nombre jouit exclusivement, à titre d'abonnement, d'une quantité fixe de places et de loges.

PRIX DES PLACES,

Y COMPRIS LE DROIT DES PAUVRES, A RAISON DE 10 p. 0/0 :

Loge de balcon............ 4 places, 13 fr.	20	c.
Baignoire de pourtour...... 4 — 11	00	
Loge de première.......... 4 — 8	80	
— de seconde.......... 4 — 6	60	
Fauteuil d'orchestre................ 3	30	
Stalle de balcon.................... 2	75	
Stalle d'orchestre.................. 2	75	
Stalle des premières 2	20	
Amphithéâtre des secondes........ ... 1	10	
Parterre 1	25	
Troisième........................ 0	55	

On peut, de midi à 4 heures, retirer au bureau de location, situé au contrôle du Théâtre, des billets d'entrée moyennant une augmentation de 0 fr. 55 c. Toutefois, en ce cas, les pla-

ces de parterre ne sont augmentées que de 0 fr. 10 c. et celles
de deuxième et troisième de 0 fr. 05 c. seulement.

Le règlement du 30 juillet 1851, sur la police des Théâtres,
est applicable à cet établissement.

PROMENADES. La place du Gouvernement forme
un lieu de promenade très-fréquenté. Le Boulevard de
l'Impératrice prolonge la plus agréable et facile excursion qu'un piéton, qui n'aime pas les accidents de
terrains, puisse faire sans quitter la ville. La vue du
port et de toute la baie intéresse une foule qui sta-
tionne incessamment le jour et même le soir le long des
balustrades qui règnent par étages au-dessus du quai,
le long de ce magnifique boulevard. La place Bab-el-
Oued offre aussi un bel espace et l'air frais de la mer,
aux amateurs de la solitude. Le jardin Marengo, ainsi
nommé d'un colonel qui l'a créé par le moyen des
condamnés militaires qui étaient sous sa direction,
s'élève en terrasse en vue de cette place, et entoure
de ses fleurs et de sa verdure la mosquée de Sidi Abd
er-Rahman et-Talebi. On y trouve des kiosques ta-
pissés d'émail, — un buste colossal de Napoléon Ier,
par Auguste Déligaud, en marbre blanc, et une colonne de même matière, commémorative des batailles
de l'Empire, — des jets d'eau, — des parterres aux lignes droites, dessinés dans le goût de la France, et
des allées sinueuses, dans le genre des jardins anglais.

HOTELS. Alger est plein d'hôtels où les voyageurs
de toutes les conditions et de toutes les fortunes peuvent trouver ce qu'ils désirent, comme dans les plus
grandes villes d'Europe, et au même prix.

Les principaux établissements de ce genre, et quelques autres, sont : les hôtels de la Régence, place du Gouvernement ; d'Orient, boulevard de l'Impératrice ; de la Porte de France, rue des Consuls ; de la Marine, rue de la Marine ; d'Europe, place Napoléon ; de Génève, place de la Pêcherie ; de Paris, rue Bab-el-Oued ; des Frères Provençaux, rue Philippe, etc. On peut prendre pension, pour la nourriture, dans ces maisons, ou se faire servir à la carte et au prix que l'on veut.

On rencontre aussi des pensions bourgeoises, des restaurants nombreux de tous les étages et à tout prix. Les établissements en ce genre les plus connus, sont le *Veau qui tète*, rue Neuve-Jénina, — l'*Ours blanc*, même rue et passage Martinetti, et l'hôtel Bazin, rue de la Marine.

Dans ces derniers temps, beaucoup de particuliers ont aménagé des chambres garnies, dans l'espoir de les louer aux étrangers qui ont commencé à venir passer l'hiver en Afrique.

La taxe sur les loyers a été édictée par l'arrêté du pouvoir exécutif, en date du 4 novembre 1848 : le ministre en prescrivit l'application à partir de 1855. Elle est aujourd'hui exigée des habitants d'Alger, et payable par l'occupant.

BAINS. Les bains, suivant l'usage européen, sont ceux du Bazar, rue de Chartres ; les bains français, rue du Soudan, et les bains de la Marine, dans la rue de ce nom.

Aux abords de la plaine de Mustapha-Pacha, il existe

un établissement de bains de mer chauds et froids, réu-
nissant tout le confortable que l'on puisse désirer : appartements meublés, restaurant et café.

Au quartier de l'Agha sont les bains Perrin, bains
de mer chauds et froids ; au-dessous de l'esplanade
Bab-el-Oued, les bains de mer Nelson. Un emplacement
est réservé pour les personnes du beau sexe.

C'est ici le lieu de prévenir les amateurs de l'exercice du bain en plein air, que M. le Maire, considérant
qu'il appartient à l'autorité municipale de prendre toutes
les mesures réclamées en pareil cas par la décence publique, a, par arrêté du 22 juin 1844, défendu de se
baigner dans le port, et prescrit de prendre un caleçon
à tous ceux qui voudraient nager dans l'espace compris
entre l'hôpital du Dey et le champ de manœuvres de
Mustapha.

Les bains maures, étuves curieuses à visiter et à fré-
quenter, si le tempérament s'en arrange, sont :

Les bains de la rue de l'État-Major, de la rue du
Divan, de la rue de la Kasba, de la rue de Nemours,
de la rue Porte-Neuve, des rues Sidi-Ramdam et Boutin.

Les bains maures ne ressemblent en rien aux nôtres, et méritent une description particulière :
Dans un vestibule couvert on trouve une estrade garnie de
tapis et de matelas, dont on choisit un pour s'y reposer plus
tard, après le bain ; on dépose ses habits sur des rayons disposées à cet effet au-dessus des matelas. On remet son argent
et ses bijoux au maître du lieu, qui les garde fidèlement
dans un coffre fermé. Les garçons de bains sont des jeunes
gens de seize à dix-huit ans, qui ne portent, pour tout vête-
ment qu'un lambeau de toile bleue autour des reins, et pour
chaussure, que des patins de bois. Ils accoutrent de la même
façon ceux qui se présentent à l'établissement et s'abandon-
nent à leurs soins. Ils les conduisent par une galerie dont la

température est graduellement élevée, jusque dans une salle chauffée à 30 ou 35°, au milieu de laquelle est une sorte de table en pierre recouverte de dalles de marbre. Le long des murs sont des niches où l'on peut s'asseoir, et plusieurs petites fontaines d'eau fraîche. On s'assied d'abord sur les dalles de la table de pierre, au-dessous de laquelle est le foyer, et bientôt on se trouve baigné de sueur. Alors le baigneur vous étend sur le sol, pareillement pavé de marbre, et recouvert par lui d'un linge cotonneux; il vous y frictionne avec une mousse savonneuse, et au moyen d'un gant en crin. On en éprouve, quelques instants après, un grand bien-être. Après s'être lavé avec de l'eau tiède, s'être promené dans la salle, ou avoir recommencé plusieurs fois l'exercice déjà décrit, on se revêt, avec l'aide du baigneur, qui vous essuie de linges bien chauffés, et on retourne dans le vestibule où on a laissé ses habits. Là on trouve un lit tout garni, où l'on repose tant qu'on y prend plaisir, recouvert d'un tapis de coton, et avec une pipe et du café, si on le demande. Le jeune homme qui vous a assisté au bain reste auprès de vous jusqu'au moment de votre départ, vous massant doucement et épiant vos moindres désirs. Le prix est de 1 fr. 25 cent. Le bain est ouvert et toujours prêt de dix heures du soir à midi du lendemain. A partir de ce moment, les hommes sont exclus, et les dames admises.

CAFÉS ET BRASSERIES. Les cafés les plus opulents à divers degrés, sont :

Les cafés de Bordeaux, Bosa, et le café Valentin, où se réunit la fashion, boulevard de l'Impératrice; on y déjeûne à la fourchette.

Le café d'Apollon, où l'on déjeûne aussi, magnifique d'ornementation et de peintures, — et le café de la Bourse, où l'on déjeûne, dîne et soupe, — chacun à l'un des angles de la place du Gouvernement. Le café de Paris, rue Bab-el-Oued, au premier étage, où l'on voit le portrait du roi Gambrinus. Le café de la Marine, rue de la Marine et boulevard. Le café de l'Europe et du Théâtre, place Napoléon. Le café Jean, place de la Mairie. Le café de la Perle, rue de la Flèche et rue de l'Aigle, habilement dirigé par M. Mikriditz, est ce qu'on appelle un café chantant. Chaque soir on y jouit d'un spectacle récréatif et varié ; souvent on y entend de fort belles voix et toujours des comiques désopilants.

La brasserie Kling, rue Cléopâtre, la brasserie centrale, rue de la Flèche, et celle du Cheval blanc, rue d'Isly, deux ou trois autres aux quartiers Bab-Azoun et Bab-el-Oued, sont les mieux en ce genre.

Un Tivoli existe à Mnstapha ; en été s'ouvrent, à Bab-el-Oued, le *Château des fleurs* et le *Théâtre Malakoff*, où l'on joue la comédie. Dans ces deux établissements, à côté l'un de l'autre, se donnent les fêtes de nuit à la vénitienne, les luttes d'hercules, et il y règne un entrain juvénil des plus ronflants.

Il n'y a plus à Alger de ces cafés maures où se montraient les danseuses du pays, où *Garagouss* lançait les lazzis de ses plaisanteries plus que croustilleuses, à travers le papier huilé de son théâtre. Son ombre s'est évanouie. On entend encore cependant de la détestable musique dans le goût des indigènes, dans un café en haut de la rue de la Kasba, et dans différents quartiers de la ville. Beaucoup de cafés maures sont répandus dans la ville, où l'on boit du café à la façon de Barbarie·

TRÉSOR ET POSTES. Le local où sont établis les bureaux est un bel édifice sur le boulevard de l'Impératrice.

Trésor. -- Les bureaux du Trésor sont ouverts au public (fêtes et dimanches exceptés), de 8 heures du matin à 10 heures, et de midi à 4 heures, pour les paiements, et jusqu'à 3 heures seulement pour les versements et aussi bien que pour la délivrance, au pair, de traites à dix jours de vue, payables : soit à Paris, au Trésor, — soit à Marseille, à la Recette générale, — dont les coupures sont de 100 fr., 200 fr., 300 fr., 500 fr., 1,000 fr., 2,000 fr., 5,000 fr., 10,000 fr. et 20,000 fr. Les coupures de 20,000 fr., sur Paris seulement.

Les personnes qui ont à prendre des traites sont tenues de se munir d'un bulletin écrit à l'encre et contenant l'indication de la somme versée, les coupures de traites, l'ordre — et le nom de la place sur laquelle elles ont à faire leur remise, soit à Paris, soit à Marseille.

Les traites sont déposées les jours de courrier, jusqu'à 9 h., pour Marseille, et 9 h. et demie, pour Paris.

La caisse des Dépôts et Consignations, annexée au Trésor, est ouverte jusqu'à 3 heures pour les opérations de recettes et de dépenses.

Postes. — Les bureaux de la poste aux lettres sont ouverts au public, tous les jours, de 7 heures du matin, à 6 heures du soir, en été, et de 8 heures du matin à 6 heures du soir, en hiver. Les dimanches et fêtes, jusqu'à 3 heures de l'après-midi, seulement.

Les paiements d'articles d'argent ont lieu tous les jours, jusqu'à 6 heures du soir, les dimanches et fêtes, jusqu'à 3 heures du soir.

A l'arrivée de tous courriers de France, les bureaux sont fermés pendant le triage des dépêches. La distribution a lieu immédiatement après leur ouverture, et se continue sans interruption.

Pour les lettres à destination d'Alger :

LEVÉES. DISTRIBUTIONS.

1re à 9 h. du matin. — 1re à 9 h. 1/2 du matin.

2e à 3 h. du soir. — 2e à 3 h. 1/2 du soir.

3e à 7 h. 1/2 du soir. — 3e à 8 h. du soir.

La dernière levée, pour les communes rurales, a lieu à 5 heures du matin.

Il y a dix boîtes aux lettres supplémentaires :

1o Église St.-Augustin, rue d'Isly ;

2o Rue Napoléon, no 60 ;

3o Vis-à-vis la Synagogue, maison particulière ;

4o Église Notre-Dame-des-Victoires, rue Bab-el-Oued ;

5o Sécrétariat général, rue de la Charte, no 3 ;

6o Magasin central des hôpitaux, rue des Consuls ;

7o Mosquée, place de la Pêcherie ;

8o Archevêché, place Malakoff ;

9o Magasin de tabac, à l'angle de la place du Gouvernement et de la rue Bab-Azoun ;

10o Hôtel des Mines, même rue.

La 1re levée a lieu à 5 heures du matin.

2e	—	à 10	—	—
3e	—	à 1	—	du soir.
4e	—	à 4	—	—
5e	—	à 6	—	—

La marche des Courriers est ainsi fixée :

DÉPARTS POUR

DERNIÈRE LEVÉE.

Marseille. — Mardi, jeudi et samedi, à midi.... .... 11 h. du m.

Aumale. — Tous les deux jours, à ...... 7 h. du s.

Blida et route. — Trois fois par jour,
6 h. 1γ2 du m., 11 h. 1γ2 du m. et 4 h. 1γ2 s.

Bône. — Le samedi à .... 11 h. du m.
dernière levée, à 10 heures.

Miliana. — Tous les jours à .... 4 h. 1γ2 s.

Cherchel. — Tous les jours à .... 4 h. 1γ2 s.

Dellys. (par terre). — Tous les jours à 5
heures du matin, la veille à .... 8 h. du s.

Oran. — Tous les jours (par terre), à ... 4 h. 1γ2 s.
le samedi (par mer), dernière levée, à.. 9 h. du s.

Orléansville. (par terre). — Tous les jours
à .... 4 h. 1γ2 s.

Ténès. (par terre). — Tous les jours à ... id.

Postes militaires de la Kabylie. — Tous
les jours à .... 8 h. du s.

ARRIVÉES DE

Marseille. — Les lundi, jeudi, samedi.

Aumale. — Tous les 2 jours.

Blida et route. — Tous les jours, 3 fois par jour.

Bône. — Le vendredi.

Miliana. — Tous les jours.

Cherchel. — Tous les jours.

Dellys. — Tous les jours.

Oran. — Tous les jours, par terre, et le vendredi par mer.

Orléansville. — Tous les jours.

Ténès. — Tous les jours.

Postes militaires de la Kabylie. — Tous les jours.

Du 1er avril au 30 novembre, un départ d'Alger pour

Constantine, par voie de terre, a lieu chaque mardi à 9 heures du soir. — La dernière levée de la boîte est faite à 8 heures.

L'arrivée de Constantine à Alger, par la même voie, a lieu le mardi à 8 heures du soir.

NAVIGATION. Nous avons donné, dans l'article préliminaire relatif aux moyens de transport de France en Algérie, ce qui se rapporte aux bateaux à vapeur qui, à différents titres, font le trajet pour aller et revenir, — les jours de leur départ et le prix des places pour les diverses destinations. Nous n'avons plus à ajouter ici que des renseignements particuliers aux paquebots des Messageries impériales, à Alger, et de la compagnie Touache, pour ceux qui veulent ou doivent les employer.

Courrier de france. — Les passagers doivent envoyer leurs bagages pour être enregistrés, à 10 heures, aux siéges des agences, sur le quai, entre les deux bassins ; passé ce délai, les bagages seront embarqués à leurs frais. Les départs du courrier de France ont lieu les mardi *(Messageries Impériales)*, jeudi *(Arnaud Touache)*, et samedi *(Messageries Impériales)*, à midi ; les voyageurs doivent se trouver à 11 heures et demie à bord.

Courrier de l'Est. — Le départ a lieu le samedi à 11 heures, — passagers à bord, à 10 heures et demie, bagages, jusqu'à 9 heures et demie.

Courrier de l'Ouest. — Le départ a lieu le samedi à

minuit, — bagages à 4 heures du soir, voyageurs à bord, à 11 heures du soir.

BATELIERS. Un arrêté a organisé une corporation des bateliers du port d'Alger, et les a soumis à un règlement qui détermine d'une manière précise leurs droits et leurs obligations vis-à-vis le public.

TARIFS DES BATELIERS :

Par personne......................... 30 c.
Par malle............................. 20
Par colis............................. 20
Par sac d'argent...................... 20
Pour aller au stationnaire............ 50

Au-delà du stationnaire, le prix est réglé de gré à gré.

Chaque quart d'heure de retenue à bord, donne droit au batelier à 0 fr. 15 cent.

Si la retenue a lieu à bord d'un courrier, pendant l'embarquement ou le débarquement des voyageurs, le prix sera réglé de gré à gré.

PORTEFAIX. Le portefaix a été aussi soumis à un règlement uniforme, dans l'intérêt du commerce et de la population, par l'arrêté du 5 décembre 1861. — Nul ne pourra exercer la profession de porteur ou commisssonnaire, sans une autorisation de la police, qui délivrera une plaque sur laquelle sera gravée le n° d'enregistrement et devra être toujours portée d'une manière apparente par le titulaire ; cette plaque pourra lui être retirée à la suite d'actes de violence, d'inconduite ou d'improbité.

Il est d'usage à Alger de donner 0 fr. 10 cent. à un enfant qui porte un paquet ; 0 fr. 25 cent. à un homme ; 0 fr. 50 cent. pour une malle qui, venant de la Marine, ne dépasse point les remparts.

MOYENS DE TRANSPORT. Pour parvenir aux

diverses localités qui entourent Alger, de nombreux omnibus dits *corricolos* sont au service de la population. L'arrêté du 28 février 1861 fait connaître les dispositions auxquelles sont assujettis les loueurs de voitures publiques, dans l'intérêt de la circulation, de la sûreté et de la commodité des voyageurs, aussi bien que les tarifs des distances parcourues et les obligations des cochers dans leurs rapports avec ceux qui font usage de leurs véhicules. Une planchette, fixée dans l'intérieur de la voiture, porte un extrait de ces diverses dispositions, entre autres (art. 21) qu'on n'y doit admettre aucun fumeur, aucun paquet, panier, chien ou ivrogne. Il est pourtant ordinaire de trouver quelque échantillon de l'un de ces désagréments, chaque fois qu'on y monte. Ces carrioles stationnent sur la place Napoléon et auprès de l'ancienne porte Bab-el-Oued. — Les cochers seront tenus, lorsqu'ils en seront requis, et sans aucune rétribution supplémentaire, de ramener les voyageurs jusque sur la place du Gouvernement. La nuit, ils doivent porter une lanterne allumée.

M. le Maire, considérant que les voitures desservant la ville et ses environs, n'offrent pas les avantages que réclame la classe aisée de la population, a autorisé l'établissement d'autres voitures de places, dites calèches, coupés et berlines, qui peuvent être loués à l'heure, à la demi-journée et à la journée : elles stationnent sur la place de la Pêcherie et sur la place Napoléon.

Voici les traifs des unes et des autres :

TARIF

Annexé a l'arrêté règlementaire sur les voitures publiques, du 28 février 1861.

Calèches, berlines et corricolos à 2 ou 3 chevaux.

PRIX

De la journée de 12 heures	20 fr.
De la demi-journée, de 6 heures	12 »
De l'heure	2 »

Calèches et berlines

Dans la ville basse, jusqu'à la hauteur du 2° tournant Rovigo et du caroubier du jardin Marengo, les deux faubourgs à Bab-el-Oued jusqu'au chemin de ronde, derrière l'hôpital du Dey	1 fr.
Dans la ville haute, jusqu'à la porte du Sahel .	2 »
En dehors de la ville et des points ci-dessus indiqués, la course est supprimée, et l'heure est fixée à. .	2 »

Corricolos-omnibus

Par personne (y compris le service de nuit pour le théâtre, quelle que soit l'heure).

PRIX DE LA COURSE D'ALGER

Dans l'enceinte de la ville, entre les nouveaux remparts

1° Dans la ville basse, jusqu'à hauteur du 2° tournant Rovigo et du caroubier du jardin Marengo .	0 fr. 15 c.
2° Dans la ville haute, jusqu'à la porte du Sahel.	0 » 25 »

MUSTAPHA-INFÉRIEUR

1° A l'Agha, à l'angle des deux routes. . . .	0 fr. 15 c.
2° Au Champ de manœuvres, à l'angle du marché aux bestiaux.	0 » 20 »
3° Au restaurant Belcourt, Marabout (cimetière maure).	0 » 30 »
4° Au Jardin d'Acclimatation, par les deux routes.	0 » 40 »
5° Au Ruisseau, par les platanes	0 » 45 »
6° Au pont d'Hussein-Dey, par la route de la mer.	0 » 45 »

MUSTAPHA-SUPÉRIEUR

1° Au chemin du Sacré-Cœur	0 fr. 25 c.
2° A l'église de Mustapha-Supérieur	0 » 40 »
3° A la colonne Voirol	0 » 50 »

FRAIS-VALLON, SAINT-EUGÈNE, POINTE-PESCADE

1° Au Pont-Laugier	0 fr. 20 c.
2° A l'entrée du Frais-Vallon, au rond point au-dessus de la Poudrière.	0 » 25 »
3° Au moulin Léo	0 » 40 »

4° Au moulin de l'Oued . . . . 0 0 20 »
5° A l'hôpital du Dey. . . . . 0 » 20 »
6° A la Salpétrière. . . . . 0 » 20 »
7° A Saint-Eugène, au lieu de stationnement . . 0 » 25 »
8° A la Pointe-Pescade, au lieu dit Retour de la
    Pêche, ou Deux-Moulins. . . . . 0 » 40 »
9° Derrière l'hôpital du Dey, au pied de la montée · 0 » 70 »

EL-BIAR ET BOU-ZARIIA

1° Au pont du Beau-Fraisier . . . . 0 fr. 25 c.
2° Au moulin, sous le fort l'Empereur . . . . 0 » 45 »
3° Au commencement du village d'El-Biar, embran-
    chement de la colonne Voirol. . . . . . . 0 » 60 »
4° Au bivouac des Indigènes . . . . 0 » 75 »
5° A Ben-Aknoun . . . . 0 » 90 »
6° Au grand bassin de Ben-Aknoun . . . . . 1 » 00 »
7° A l'église de la Bou-Zariia, par El-Biar ou
    Bab-el-Oued. . . . . 1 » 10 »

On trouve, à la porte Bab-el-Oued, des mulets qui font le transport des personnes au Bou-Zariia, moyennant 4 fr. pour la journée, 2 fr. 50 c. pour la demi-journée, et 1 fr. pour la course d'une heure et demie. Leurs conducteurs doivent être pourvus d'une plaque délivrée par la police, et, aux termes de l'arrêté du 27 septembre 1845, peuvent être punis du retrait de ce signe pendant huit jours, s'ils se refusaient de marcher aux prix du tarif.

Les particuliers qui parcourent à cheval ou en voiture l'intérieur de la ville, les routes de Bab-Azoun, entre Alger et le quartier de l'Agha et l'hôpital du Dey, devront se souvenir qu'il leur est défendu par l'arrêté du 22 avril 1834, de galoper ou d'aller au trot. Les propriétaires de cabriolets et autres voitures de luxe auront à en faire déclaration au commissaire central de police, pour obéir au vœu de l'arrêté du 9 octobre 1841, et à se munir d'un fanal allumé dans

leurs courses nocturnes ; ils devront prendre la droite
lorsqu'ils rencontreront d'autres voitures, et leur laisser
libre, au moins la moitié de la chaussée.

Il y a plusieurs services réglés de diligences, qui
ne vont pas plus loin que Birkhadem, Birmandraïs,
El-Biar, etc. On n'y retient pas ses places. Elles partent de la rue Mahon et des abords de la place du
Gouvernement.

La compagnie des *Messageries générales de l'Algérie*,
place du Gouvernement, dirige des voyageurs et des
colis sur divers points dont le tableau est ci-après :

Marche des voitures.

D'ALGER A

AUMALE, tous les deux jours, un départ à 9 h. du soir.
   Retour, 1 heure du matin.

COLÉA, tous les jours, deux départs à.... 6 h. du mat.
   et 2 h. du soir. Retour, mêmes heures.

L'ARBA, tous les jours, trois départs à... 6 h. et demie,
   midi et 5 heures du soir. (Chemin de
   fer). Retour mêmes heures.

DELLIS et TIZI-OUZOU, tous les jours, un
   départ à.......................... 5 h. du mat.
   Retour, même heure.

MÉDÉA, tous les jours, deux départs à... 6 h. 1/2 mat.
   et midi. (Chemin de fer). Retour, 6 h.
   du matin et 2 heures du soir.

MILIANA, tous les jours, un départ à..... 5 h. du soir.
   (Chemin de fer).

ORLÉANSVILLE, tous les jours, un départ à 5 h. du soir.
Retour, 4 heures du matin.

MOSTAGANEM, tous les jours, un départ à 5 h. du soir.
(Chemin de fer compris). PRIX : 35 fr.
Retour, 8 heures du soir.

ORAN, tous les jours, un départ à .... 5 h. du soir.
(Chemin de fer compris). PRIX : 40 fr.
Retour, 11 heures du matin.

De MÉDÉA à BOGHARI, tous les jours impairs, sauf le 31,
retour tous les jours pairs du mois.

Sur la place du Gouvernement sont des services de
voitures pour l'Arba, par la Maison-Carrée, — pour
l'Arba et Rovigo, — pour Douéra, — pour Bouffarik.
passant par la plaine.

Près de cette place, dans la rue Cléopâtre, se tient
un bureau d'omnibus qui partent tous les jours pour
Hussein-Dey, Mustapha supérieur, le Sacré-Cœur, la
Colonne Voirol,

Dans le voisinage de la même place, rue Neuve du
Soudan, il y a concurrence aux départs sur les mêmes
lignes, et voitures allant à St-Eugène, à la Vallée des
Consuls, à la Bou-Zariia.

Les Messageries du Midi, place Napoléon, vont à
Rouïba, à la Rér'aïa, à l'Alma, aux Issers ; au Fondouk,
à Tizi Ouzzou.

Des voitures et des chevaux de louage sont à la
discrétion des promeneurs et des voyageurs.

On trouve aussi des services accélérés de roulage
sur tous les points.

Le chemin de fer, dont la gare est sur le quai, n'exploite encore qu'une ligne de 49 kilomètres, d'Alger à Blida.

Le premier railway algérien n'est pas long, — mais c'est le commencement d'un réseau qui va bientôt s'étendre jusqu'à Oran et Constantine. La voie suit d'abord le rivage de la mer, puis, arrivée à Hussein-Dey, elle s'en éloigne un peu jusqu'à la Maison-Carrée. Puis de là, une échancrure du Sahel lui donne entrée dans la Mitidja. Alors, décrivant une courbe allongée, la voie se dirige du N.-E. vers le S.-O., — traverse des espaces à demi-dénudés où des troupeaux nombreux se montrent çà et là, paissant l'herbe rare, et où, parmi des bouquets de verdure, apparaissent quelques habitations européennes et quelques douars indigènes. Après ces immenses jachères, on rencontre au Gué-de-Constantine dans l'Harrach, à 14 kilomètres d'Alger, des vignes, des champs de tabac, de vastes plantations ; c'est la campagne de Birtouta, l'Arba, Sidi Moussa, Rovigo, — de Bouffarik, *un ancien marais*, dont, suivant l'expression de Théophile Gautier, — un des représentants de la presse parisienne à l'inauguration de la ligne, — *nos laboureurs rivalisant de courage avec nos soldats, ont fait une Normandie.* Quelques minutes après, on atteint Beni Méred et les orangeries de Blida. (*Guide à Alger et ses environs — 1864.*)

ROUTES. Trois routes impériales rayonnent d'Alger :

1º *Route nº 1, d'Alger à Laghouat,* ou *route du Sud,* qui passe par Birmandraïs et Kouba, pour s'embrancher à celle qui met l'Arba en comunication avec le hameau dit des *Quatre chemins.*

2º *Route nº 5, d'Alger à Constantine,* ou *route de l'Est,* qui se bifurque à Mustapha. La ligne qui court vers l'Est, le long de la mer, traverse la voie ferrée sous la Maison-Carrée qu'elle contourne, atteint le Bordj Menaïel, d'où elle descend au N.-E. jusqu'à Dellis. — L'autre ligne va au S.-E. vers l'Arba.

3º *Route nº 4, d'Alger à Oran,* ou *route de l'Ouest,* qui se bifurque à El-Biar. Une branche passe à l'O.-S. par Chéraga, jusqu'à Koléa. L'autre va au S.-O., à travers Dely-Ibrahim, Douéra, les Quatre-Chemins et Bouffarik, jusqu'à Blida.

La route de Tipaza ou Malakoff, faisant suite à la route de St-Eugène, dessert, par le bord de la mer, le village de Guyotville, avec embranchement sur Staouëli et Sidi Ferruch.

Un réseau compliqué d'autres chemins carrossables et de nombreux sentiers sillonnent les flancs des coteaux formant ce qu'on appelle le *massif d'Alger*.

ENVIRONS D'ALGER. Les environs d'Alger sont justement célèbres par leur beauté. Il est difficile de voir un panorama plus riche et plus varié que celui qui entoure cette ville. Des hauteurs d'El-Biar, le spectacle est splendide. Dans un espace que l'œil embrasse, et qu'on peut parcourir en quelques heures, sont réunis des sites que rarement on trouve aussi rapprochés : aspect grandiose de la mer et des sommets neigeux de montagnes qui, s'étageant à l'horizon, viennent mourir sous des tapis de verdure, au bord du golfe ; — à Matifou, les vastes ruines d'une cité romaine ; non loin, les neuves constructions de tous nos jeunes villages ; — à Mustapha-Pacha, les palais champêtres des Maures, avec leurs colonnades et leurs cyprès ; — plus près de la cité, les forteresses massives des Turcs, revêtues de leur robe éblouissante de blancheur. Puis les coteaux verdoyants, les jardins, les établissements militaires alignés comme des troupes rangées en bataille ; — les sentiers de la colline et les routes impériales, déployant leurs vastes rubans, sur les flancs de la hauteur, où serpentent le chameau du désert et le fiacre de la banlieue ; puis au-delà et autour, la plaine immense avec son lointain azuré, comme une autre mer.

FORTIFICATIONS. Les constructions de défense qui entourent Alger sont :

Le Fort l'Empereur, au S. de la ville, éloigné de 2,300 mètres de la Kasba, et situé à 45 mètres au-dessus d'elle, qui domine toute la pente jusqu'à la mer, et toute la campagne d'alentour ; ce fort se trouve à 1,050 mètres de la citadelle projetée, et à 700 mètres du saillant des nouveaux remparts. Le fort que nous appelons de l'Empereur (Bordj Muley Hassan), fut bâti par Hassan Pacha, en 1541, à l'endroit même (Coudiat es-Saboun), où l'empereur Charles-Quint, dont il a conservé le nom, avait fait dresser sa tente, lors de sa malheureuse expédition contre Alger. On dit même que la tour qui était au milieu de ce château, et que les Turcs ont fait sauter en l'abandonnant, le 4 juillet 1830, était l'ouvrage des troupes espagnoles. C'est au milieu de ce fort que M. de Bourmont reçut la capitulation du dey d'Alger, le lendemain.

Ce fort est éloigné de 20 kilomètres de la pointe de Sidi-Ferruch, où l'armée française est ' débarquée ; les remparts ont été déblayés et restaurés. Il sert de caserne et de prison disciplinaire.

La Maison-Carrée, qui est une grande caserne en deux corps principaux, liés ensemble par des murs, peut contenir un bataillon ; on en a fait la maison centrale dite de l'*Harrach*, pour les condamnés indi-

gènes et européens. Elle est située à 12 kilomètres
d'Alger, au-delà du pont de l'Harrach, éloigné lui-
même de 1,800 mètres de la mer et construit, en 1697,
par le dey Hadj Hamed, et réparé par Ibrahim, en 1737 ;
ce pont a 40 mètres de long sur 4 de large.

Le Fort de l'Eau, à 18 kilom. d'Alger, au bord de la
mer, pourvu d'un bon puits, auquel il doit son nom.
Il y a un poste de douaniers.

A 30 kilom. d'Alger, par terre, et à 18 kilom. par
mer, s'élève le Fort Matifou, situé à 650 mètres du
cap de ce nom, qui ferme la baie d'Alger, au N.-E. On
trouve des puits et des citernes abondantes dans cette
belle et solide construction, due au pacha Mohammed
Kurdogli, qui régnait en 1556.

Le Fort des Anglais, bâti en 1825, dans la crainte
d'un nouveau bombardement par ces formidables insu-
laires, au lieu déjà défendu par une tour qui portait le
nom de Bordj el-Kala, est une redoute maçonnée, au
bord de la mer. Ce fort sert actuellement de lieu de
détention pour des militaires. On y a établi des batteries rasantes.

Le Fort de la Pointe-Pescade, à 7 kilom. d'Alger, et
au bord de la mer, se compose de deux constructions :
l'une assise sur un récif, et que l'on dit avoir été construite par Barberousse ; l'autre faite par le pacha Abdy,
en 1736. Un poste de douaniers y tient garnison.

ENVIRONS D'ALGER.

Aux environs d'Alger, dans un rayon d'une centaine de kilomètres à l'Est et à l'Ouest, — et jusques, y compris, la commune de Blida à 50 kilomètres au Sud), — se trouvent des localités que les touristes recherchent à divers titres. Nous allons en donner la description en procédant par arrondissements et par ordre alphabétique. Nous pousserons même l'excursion jusqu'en territoire militaire, à Dra-el-Mizan, Tizi-Ouzou, Fort-Napoléon, que l'Empereur a voulu visiter, les 24 et 25 mai 1865.

ARRONDISSEMENT D'ALGER.

COMMUNE D'ALGER.

Alger a pour sections communales : 1° son faubourg Bab-el-Oued, nommé cité *Bugeaud*, où est une église en planches et une école de jeunes filles, et 2° la banlieue, les quartiers de l'Agha et d'Isly, dont la population a été recensée avec celle de la ville. (Population de Bab-el-Oued, 4092, de la banlieue, 1208.)

L'Agha est une localité entre Mustapha et Alger, au S., où l'industrie compte de nombreux établissements : moulin à vapeur, grande boulangerie, scierie mécanique, fabriques d'instruments aratoires, ateliers de carrossiers, charrons, potiers, etc.

En se rapprochant de la cité, ce qu'on voit de plus important c'est, à droite, au bord de la mer, — la prison des femmes, dans l'ancien Lazaret, dont nous avons déjà parlé, — la gare provisoire du chemin de fer, et l'usine à gaz.

A gauche de la route, — un aqueduc ancien, réparé par les Maures, occupe deux rangs d'arcades superposées, dans le vallon qui débouche au lieu dit *Aïn-Rebot*. Là, se décharge à la mer l'oued Beni-Mzab, petit ruisseau; là fut écrasé le dernier effort de Charles-Quint, qui accourait au secours des cent-vingt chevaliers de Malte repoussés des abords de la porte Bab-Azoun, dans la matinée du 26 octobre 1541. Là encore, on voit des fours bâtis par ses soldats, qui tenaient ce cantonnement.

Dans un repli de la route qui monte au fort l'Empereur, et fut la première de ces magnifiques voies de communications dont les amples lacets entourent Alger, les anciens fondateurs de tout ce que la France est venu apporter sur ce rivage, ne verront peut-être pas sans quelque émotion, dans le roc schisteux, et entouré de pariétaires, une simple plaque de marbre blanc, portant : *Rovigo,* 1832.

Les autres sections communales sont :

3° BOU-ZARIIA. Village situé à 6 kil. au N.-O. d'Alger, sur une montagne élevée à 407 m. au-dessus du niveau de la mer, d'où la vue s'étend sur un espace de 600 lieues carrées : une chapelle, une école mixte, une vigie, où l'observatoire sera installé, un puits et un abreuvoir y sont établis. Il y a un café maure sur la place de Bir Semmam; on y parvient par une route sinueuse qui parcourt les flancs d'un coteau admirable de végétation et de points de vue romantiques. Deux autres chemins relient Bou-Zariia à Alger : l'un partant du principal groupe des maisons, descend du côté de la mer en traversant la vallée des Consuls au-dessus de St-Eugène; l'autre va rejoindre la route d'Alger dans le Sahel, par El-Biar. A 1 kil. au dessus du village, on voit la petite mosquée de Sidi Nouman et plusieurs Koubba ombragées par de vieux palmiers. Il y a là aussi un café maure. — Population — 1792 individus.

4° EL-BIAR (les puits) à 6 kil. S.-O. d'Alger, sur le Sahel, est un village dont les constructions bordent la route, et les maisons de campagnes sont éparses ou groupées au milieu de jolis jardins et de prairies abondantes en foins. Le canton d'Hydra est surtout le plus riant et le plus fertile. — Eglise, école primaire, brigade de gendarmerie, auberges, restaurants, cafés — L'observatoire créé par décret du 6 juillet 1861, est installé provisoirement dans cette localité. Un vaste couvent habité par les sœurs du Bon-Pasteur est un pensionnat et un orphelinat. Dans une dépendance de cette maison existe aussi un refuge pour les filles repenties. — Population — 539 français —780 étrangers — 343 indigènes.

Un ruisseau qui naît sur la pente orientale de ce point élevé forme l'oued Khrenis qui, des coteaux de Mustapha descend à Birmandraïs, et gagne de là Hussein-Dey, en traversant le ravin de la Femme Sauvage. Les eaux d'une autre source très-abondante alimentent une partie des fontaines d'Alger où elles sont conduites par un bel aqueduc. Un chemin vicinal de 2 kil. part d'El-Biar et va rejoindre la route de Birmandraïs, près la colonne Voirol. Au-dessus d'El-Biar, la route pousse un rameau à gauche, passant devant l'orphelinat de Ben-Aknoun, pour atteindre Dély-Ibrahim ; au *Bivac des Indigènes*, elle se bifurque, continuant vers Cheraga, et à droite conduit au Bou-Zarrïa en dominant le Frais-Vallon, où l'on a trouvé des marbres dits *aragonites agathisés*.

5° MUSTAPHA-PACHA. Cette localité au S., — la plus rapprochée de la ville d'Alger, semble n'en être que le faubourg. De même qu'El-Biar, Mustapha-Pacha est couvert de charmantes maisons de campagne, éparses dans des jardins disposés avec goût. Son territoire longe la plage et se relève en s'étageant sur la colline. C'est dans cette position que les palais champêtres des riches habitants d'Alger sont assis en amphithéâtre. La plus remarquable est celle où est inhumé le général Jusuf, dans un pavillon en style oriental. Il mourut à Cannes, en Provence, le 16 mars 1866. Le couvent des Dames du Sacré-Cœur, sur ces pentes verdoyantes, a ouvert un important pensionnat de jeunes personnes. Au-dessus du quartier dit de l'Agha, à cause du camp que tenait en cet endroit le Général des troupes turques, une demeure mauresque a été disposée pour S. Exc. le Gouverneur général. La vue magnifique dont on y jouit et l'ameublement en font toute la valeur. LL. MM. Impériales ont honoré ce séjour de leur présence. On y voit un tableau d'Horace Vernet représentant le prince Louis Napoléon à la revue de Satory. Des constructions plus importantes règnent autour. On distingue surtout l'ancien consulat de Danemark qui semble un établissement public à cause de son étendue ; le quartier de cavalerie, l'orphelinat tenu par les Dames de St-Vincent de Paul, où sont élevées 196 jeunes filles, — couvent entouré de magnifiques jardins ; l'école normale primaire où étudient 29 élèves ; le noviciat des sœurs de la Doctrine chrétienne. Le marché aux bestiaux est sur les plateaux voisins. La *Maison des Arcades*, sur la crête des hauteurs, est un pittoresque séjour. Plus bas, est la villa Roux, et à côté de la délicieuse orangerie de Mustapha-Pacha, qui embaume toute la plage, est la petite mosquée où l'on révère un des tombeaux du marabout Sidi Mohammed Ben Abd-er-Rahman Bou Koberin, qui a le privilège d'être enterré dans deux endroits, ainsi que son nom l'indique. L'autre tombeau est chez les Guechtoula des Zouaoua, en Kabylie. Les Arabes vont en pèlerinage de l'un à l'autre en grande cérémonie. Un peu plus loin, à l'E., et dans la partie aplanie qui s'étend vers la mer, on trouve le *Jardin d'Acclimatation*, ancienne Pépinière du gouvernement, qui a une étendue de 50 hectares en la figure d'un carré parfait, où de belles constructions ont été élevées. Une magnanerie, une filature de soie, des machines pour égrener le coton, de vastes serres complètent ce bel établissement. Entretenu avec le plus grand soin, divisé par des allées en berceau, plein de bosquets

et de parterres peuplés des plus curieuses productions du règne végétal, aussi bien que des plus utiles à propager, ce bel
endroit est une promenade ouverte aux habitants d'Alger, à 5
kil. de la ville. Ils viennent en foule le visiter au jour de repos.
C'est alors que le café maure, surnommé le *Café des Platanes*,
qui est vis-à-vis de l'entrée du Jardin, auprès d'un bassin
abondant, ombragé de platanes gigantesques auxquels il doit
son nom, fait de bonnes recettes en servant la liqueur
de moka, préparée à la mauresque, aux amateurs de cette
sombre décoction. Derrière est un vaste réservoir qui alimente les fontaines de la ville d'Alger.

En revenant vers la ville, on rencontre la plaine dite de
Mustapha, champ de manœuvres, où les troupes sont passées
en revue; où les carrousels, les fantasias et les courses de
chevaux ont lieu. On peut y mettre en mouvement une armée
de 25,000 hommes. Rien de plus beau que ce grand appareil
militaire, lorsqu'il se déploie sous le magnifique soleil de l'Afrique, dans cet espace encadré par la mer et les riches coteaux
de Telemly, par les ombrages du Hamma, et les vastes établissements militaires dont une partie est affectée à l'hôpital
civil.

Il y a deux églises à Mustapha : l'une dans la partie supérieure de la localité, qui n'est qu'une maison mauresque,
aménagée pour y célébrer les divins offices ; vis-à-vis est le
bureau de l'adjoint de la Mairie ; l'autre à Mustapha inférieur,
grande baraque en planches aux abords du Champ-de-Manœu-
vres.— Ecole, fontaine et lavoirs publics, parc aux fourrages,
hôtel de Tivoli avec bains de mer, nombreux cafés et débits
de boissons, usines nombreuses pour la confection d'ouvrages
en sparterie. Population : 3053 français — 2032 étrangers — 50
juifs — 281 maures — en bloc 766.

6° SAINT-EUGENE. Joli village tout composé de maisons de
plaisances bâties à la française ou suivant un goût capricieux
et riant, assis au bord de la mer, au N. d'Alger. L'Empereur
l'a traversé le 4 mai 1865. Il y a une église et une école pour
les jeunes filles. Tout contre le *Fort des Anglais*, on remarque
le château des Tourelles, construction dans le goût de Walter
Scott. Sur la hauteur est l'ancien consulat de France, résidence
qu'affectionnait, en été, feu Mgr. l'Evêque d'Alger, qui avait
établi dans cette charmante villa l'école secondaire ecclésiasti-
que (petit séminaire), où étudient plus de 150 élèves. Il avait
également béni, le 20 septembre 1857, une chapelle sous le titre
de *Notre-Dame d'Afrique*, but d'un pèlerinage. C'est un grand
édifice en construction, dont la gracieuse silhouette se dessine
sur un des contreforts du mont Bou-Zariia. On l'aperçoit de
fort loin en mer par les reflets diamantés d'une croix qui la
domine. On y parvient par des sinuosités qui contournent le
coteau à partir de l'hôpital du Dey, près Alger.

A St-Eugène, sont de nombreux cafés et restaurants. Le mouvement des voitures y est continuel.

La Pointe-Pescade (Mers-el-Debban — Port des mouches). Localité située à 6 kil. au N. d'Alger, répand ses habitations sur un territoire profondément raviné et incliné au N. vers la mer. Le décret du 5 mai 1866 a réuni cette section rurale à St-Eugène. Une vaste construction à l'aspect sévère a été, dit-on, la maison de campagne de Barberousse. De belles habitations y jouissent d'une vue magnifique. Nous avons eu lieu déjà de parler du fort de la Pointe-Pescade, qui a donné son nom à la localité et s'avance dans la mer sur une pointe rocheuse. La route qui mène à Alger suit les sinuosités du rivage et forme la promenade la plus austère qu'il soit possible d'entreprendre. Cependant un établissement dit le *Retour de la Pêche*, ainsi que plusieurs autres à la Pointe-Pescade, reçoivent de joyeuses compagnies. — Population — 1355 habitants.

COMMUNE DE L'ALMA.

L'Alma est située auprès des rives du Bou Douaou, sur la route de Dellys à Alger, à 36 kil. de cette ville. Un brillant combat de 950 Français contre 6,000 Arabes avait eu lieu dans cette localité le 25 mai 1839. — Le décret du 25 juillet 1856 y créa un centre de colonisation où les céréales et les vignes ont prospéré. De nombreuses fermes entourées de vergers et d'orangers, y rafraîchissent le regard. Là se termine la zône de la colonisation européenne. Le décret du 22 août 1861 y a établi la commune en plein exercice. L'Empereur est passé dans cette commune le 24 mai 1865, se dirigeant sur Fort-Napoléon. Il y a une église, une école tenue par des Religieuses, une salle d'asile, une infirmerie, une fontaine, un lavoir couvert, une gendarmerie.

La population est de 159 français, 190 étrangers, 5 juifs, 41 musulmans.

Les sections communales sont :

1° LA REGHAIA est un village à 6 kil. de l'Alma, à 36 kil. d'Alger, entre la Rassauta et le Bou-Douaou, sur la route d'Alger à Dellis, créé par décret impérial du 14 octobre 1854, sur le vaste domaine de la Reghaïa, qui a laissé son nom à la localité. Il s'étend sur le bord de la mer, où se jette un cours d'eau qui prend naissance dans ses limites et devient naviguable pour les embarcations de 12 à 15 tonneaux ; à partir de la maison principale d'exploitation, distante de 4 kil. de l'embouchure de ce petit fleuve, il y a des chutes d'eau, des bois de chênes-lièges, des orangeries, des vergers, des pépinières. Église. — Population : 44 français — 183 étrangers.

2° St-PIERRE—St-PAUL. Centres créés par décret du 26 décembre 1857, l'un au lieu dit Sidi Salem, l'autre au lieu dit Ouled Moussa. Population : 91 français — 65 étrangers.

3° L'OUED-CORSO à 45 kil. d'Alger, où habitent 46 Français et 25 étrangers. On y trouve une tuilerie, un moulin à huile et un moulin à blé. Les Arabes de la tribu des Khachena sont au nombre de 7133.

Au *Col des Beni-Aïcha* où se trouvent quatre maisons, il y a une caserne de gendarmerie. Sur la rive droite d'un affluent du Bou-Douaou, est un caravansérail dit *Souk el-Djemma*, où se tient un marché hebdomadaire.

COMMUNE DE L'ARBA.

L'Arba est situé dans la Métidja orientale, à 32 kilom. E. d'Alger, à la rencontre de la route d'Alger à Aumale, avec celle du pied de l'Atlas, qui joint Blida au Fondouk.

L'Arba doit son nom aux mots arabes نهار العربية (quatrième jour), qui indiquent le marché important que les Arabes y tiennent tous les mercredis. Ce village a été créé par le décret présidentiel du 22 août 1851, et érigé en commune par décret impérial du 31 décembre 1856.

La population est de 547 Français, 335 Étrangers, 11 Juifs et 893 musulmans. L'Arba a une église depuis les premiers jours de 1854, et une mairie.

Les rues et les places publiques du village de l'Arba sont bordées d'arbres, platanes et ormeaux de belle venue. Il y a des orangeries importantes. Deux d'entre elles ont été concédées à la commune, par décret du 17 juin 1862, pour une promenade publique. Première étape d'Alger à Aumale, la localité a profité du transit continuel des voyageurs. Les cultures fort belles, en céréales et en tabac, sont largement arrosées par l'oued Djemma. Il existe un moulin à deux tournants.

Le cadre de cet ouvrage ne nous permet pas de citer ici nominativement tous les établissements agricoles et industriels qui existent aux alentours; disons seulement que, de jour en jour, la plaine se couvre de grandes et belles fermes, qui font heureusement augurer de l'avenir.

Deux routes conduisent à l'Arba : une par la Maison-Carrée et l'autre par Kouba.

L'Arba a pour section communale :

RIVET, situé à 2 kilom. de l'Arba, sur la route, entre les villages de l'Arba et du Fondouck. Il a été créé par décret impérial du 5 juin 1856. Ce village est dans une très-heureuse position ; la place est une magnifique orangerie qui a été réservée lors de sa création.

La population est de 95 Français, 173 Étrangers, et 268 Arabes.

Il y a, d'ailleurs, dans cette commune 1671 Indigènes.

COMMUNE DE BIRKHADEM.

Birkhadem est situé à 10 kilom. E. d'Alger, dans un vallon du Sahel, au-dessous d'un ancien camp assis sur un mamelon. Ce canton fertile et bien ombragé, possède des constructions gracieuses. C'est un but de promenade pour les citadins d'Alger.

La localité de Birkhadem *(le puits de la Négresse)*, ainsi nommé à cause des apparitions fréquentes d'une femme noire, qui sort d'un puits et se promène aux environs, fut couverte, dans les premières années de l'occupation, par un camp qui reliait Dely-Ibrahim à la Maison-Carrée et à la Ferme-Modèle, par Tixeraïn et Kouba, et faisait en ce lieu une position centrale qui fermait l'ancienne route d'Alger à Blida. Il n'est plus aujourd'hui occupé militairement, et a servi successivement d'hôpital et de prison de dépôt. A l'abri de cette défense, un grand nombre de propriétaires et de cultivateurs se sont installés et ont formé le village qui a été reconnu par arrêté du 22 avril 1835, et où l'administration communale est organisée depuis le 16 novembre 1842.

La population est de 214 Français, 344 Etrangers, 605 Indigènes.

Les cultures maraîchères sont une source de prospérité pour Birkhadem. La route de Blida traverse la place de ce village, qui a une jolie église, un café maure, jouissant d'une grande réputation parmi les Indigènes, et une belle fontaine, sous des platanes. Les mûriers et les vignes se montrent partout, au milieu d'arbres fruitiers de toute espèce.

Tixeraïn est à droite du village. Sur la route d'Alger, on voit l'ancienne caserne de cavalerie, connue sous le nom de *Ben Siam*.

Sur le versant du Sahel dominant la Mitidja, on trouve la *Ferme-Modèle*, à 14 kilom. d'Alger, au pied de laquelle passe le chemin de fer. Cet édifice connu par les Indigènes sous le nom de Haouch Hussein-Pacha, fut érigé en ferme expérimentale par le maréchal Clauzel, dès 1831.

Les sections communes de Birkhadem sont :

1° BIRMANDRAIS, par contraction de Bir Mhamed Raïs *(Le puits du Turc Mohammed, capitaine de navire)*, est un joli village entre de hauts mamelons couronnés d'arbres, de cultures et de moulins à vent, à 7 kilom S. d'Alger. L'oued Knis y coule; on le traverse sur un petit pont, avant qu'il ne descende vers Hussein-Dey, par le vallon de la *Femme sauvage*, ainsi nommé, moins à cause du caractère et des manières fort civilisées d'une jeune femme qui tenait là un joli café-restaurant adossé contre une grotte, — que pour la localité sauvage elle-même. Dans ce ravin, plusieurs moulins à farine fonctionnent par l'action de l'eau. Une filature de soie est établie par M. Chazel et Redon. Il y a dans le village une église et une belle fontaine sous des arbres touffus. De jolies habitations et des plantations importantes, donnent à ce canton un attrait que les promeneurs du dimanche suivent assidument. Sur le chemin qui serpente entre celui d'Hydra et celui de Kadous, au plus haut point, à 210 mètres au-dessus du niveau de la mer, s'élève une colonne en pierre, en mémoire de l'ouverture de cette route, en 1834, par l'armée, sous les ordres du général Voirol.

Sur la route de Birmandraïs à Alger, dans des parties rocheuses bordant le chemin qu'une déclivité fort accentuée marque de l'autre côté, un amateur, d'un talent tout-à-fait primitif, a sculpté Adam et Eve, le serpent, une croix, des cœurs et une femme dans une position intéressante.

Ce centre, créé par arrêté du 22 avril 1835, et constitué le 17 décembre 1843, présente une population de 226 Français, 452 Etrangers, 342 Musulmans.

2° SAOULA, centre de population, à 3 kilom. de Birkhadem, à 13 kilom. d'Alger, sur la route de Douéra, au milieu des vallées qui aboutissent à celle de l'oued Kerma, dans un bas-fond très-fertile en légumes, et bien arrosé, a été créé par arrêté du 17 février 1843. Il y a trois moulins à 3 et 4 tournants, mis en mouvement par la force hydraulique et constamment occupés par la boulangerie d'Alger et la manutention militaire. Des saules-pleureurs balancent leurs verts panaches et les vignes agitent leurs pampres dans cet agréable séjour. Population, 105 Français, 156 Etrangers, 379 Musulmans.

COMMUNE DE CHÉRAGA.

Chéraga est situé à 12 kilom. O. d'Alger, à l'entrée de la plaine de Staouéli, à 198 mètres au-dessus du niveau de la mer.

L'arrêté du 22 août 1842 le constitua administrativement. En 1845 eurent lieu des dessèchements qui ont assuré la salubrité sur ce point. Des familles sobres et laborieuses venues de Grasse (Var), ont apporté la culture des plantes odoriférantes, pour lesquelles des distilleries expédient en France des produits estimés. Chéraga est reconnu commune par le décret impérial du 31 décembre 1856.

La population est de 488 Français, 123 Etrangers, 448 Indigènes. L'église fort jolie est ornée de plusieurs statues données par les habitants.

Le territoire de Chéraga est celui où les cultures sont le plus avancées dans le Sahél. Elles consistent en blé, orge, fèves, maïs, tabac, coton, vignes dont le vin est estimé, et plantes à huiles essentielles. La route d'Alger à Koléa traverse le village. On y trouve un jardin public, un lavoir et abreuvoir. Sur la place est une fontaine surmontée du buste du duc de Malakoff.

Il y a un moulin à farine, mu par la force hydraulique, et un moulin à manège pour les huiles. On fabrique en grand le crin végétal provenant du palmier-nain. L'éducation des bestiaux est favorisée par des eaux abondantes et des prairies étendues. Deux briqueteries sont en pleine activité. Les produits des laiteries et les fromages sont renommés. Il y a des hôtels et des auberges dans ce très-joli village.

L'Empereur a parcouru cette commune lorsque, le 1 mai 1865, il fut visiter Sidi-Ferruch, Staouëli et le monastère de la Trappe qui y est situé.

Les sections communales de Chéraga sont :

1° AIN BENIAN, ou GUYOTVILLE, ainsi nommé parce que ce centre de population fut fondé sous l'administration de M. le compte Guyot, directeur de l'intérieur, par arrêté du 19 avril 1845, à 2 kilom., à l'E. du cap El-K'nateur, — à 9 kilom. d'Alger, par Chéraga et 14 par la nouvelle route Malakoff, au bord de la mer, qui est une des plus pittoresques et des plus belles de la province d'Alger. Un chemin vicinal d'une longueur de 7 kil. conduit de Chéraga à Guyotville, à travers un sol mamelonné que coupe le ravin des Beni Messous, où se trouvent plusieurs belles fermes. Un canal amène les eaux dans une fontaine construite au milieu de la place du village : il y a un lavoir et un abreuvoir. Des plantations nombreuses de vignes ont été faites.

Sur le plateau d'Aïn Benian, qui sépare Guyotville de Chéraga, on recueille de belles moissons. On voit par les champs une centaine de dolmens, pareils à ceux de Bretagne, que l'on croit être les tombeaux d'une légion armoricaine, qui aurait campé aux environs de cette position élevée. Il y aussi des ruines romaines au cap El-K'nateur.

Population, 131 Français, 190 Etrangers.

7.

2• SIDI-FERRUCH, est une pointe, à 25 kilom. O. d'Alger, s'avançant de 1,100 mètres dans la mer. C'est dans la baie O. que débarquèrent les Français, le 14 juin 1830. Ils y trouvèrent une mosquée renfermant les restes du marabout qui donne son nom à la localité, et une petite tour carrée, bâtie par les Espagnols et nommée par eux *Torre chica*. Il y a six puits dans les lignes du camp, qui fut tracé sur un développement de 800 mètres pour isoler complétement la presqu'île, offrant une étendue de 80 hectares. Des sources, obstruées par les sables, se trouvent aussi sur la plage. De juin à septembre, il se forme de fort beau sel sur les rochers du rivage. Sur les bords de l'oued el-Bridja, qui coule à l'O., il y a une excellente terre plastique, propre à la confection de la poterie.

L'arrêté du 13 septembre 1844, a créé sur ce point un village qui a prospéré quelque temps au moyen de la pêche des huîtres et des sardines, mais qui a été presqu'entièrement abandonné en 1853. L'érection d'une belle caserne, qui peut contenir 2,000 hommes dans un fort garni de formidables batteries, ramène sur ce point les efforts des colons et des pêcheurs. La porte monumentale de cet édifice, frontispice orné de quatre colonnes engagées et de trophées de la paix et de la guerre, est surmontée d'une large table de marbre, où les premiers pas de la conquête algérienne sur ces bords sont commémorés en style lapidaire. On y lit :

ICI

LE 14 JUIN 1830

PAR L'ORDRE DU ROI CHARLES X

SOUS LE COMMANDEMENT DU GÉNÉRAL DE BOURMONT

L'ARMÉE FRANÇAISE

VINT ARBORER SES DRAPEAUX

RENDRE LA LIBERTÉ AUX MERS

DONNER L'ALGÉRIE A LA FRANCE

Dans les premiers jours de janvier 1846, Mgr Dupuch, premier Evêque d'Alger, a découvert sur un lieu élevé, au bord de la mer, où étaient les ruines curieuses d'une église chrétienne détruite par les Vandales et par les flots, la massue, hérissée de pointes de fer, instrument du supplice de Saint Januarius et le *vas sanguinis* de ce martyr, sacrifié vers l'an 410, ainsi que le témoignait une inscription fruste en mosaïque, placée sur ces restes qu'avait recueillis la pieuse dame Sabine, en cet endroit. Mgr Dupuch a cru y retrouver les *Casæ favenses* du sommaire n° 138 de Morcelli.

Population, 31 Français, 10 Etrangers.

3° STAOUELI, est une plaine de 48 kilom. carrés, solitude couverte de broussailles que la culture élague et repousse chaque jour, hachée de ravins, refuge des sangliers et rendez-vous des chasseurs, qui y trouvent du gibier en grande quantité. C'est là que les Français, après leur débarquement, livrèrent la bataille qui leur a ouvert la conquête de l'Algérie. Une croix de fer sur un socle de pierre, indique ce lieu mémorable. Les RR. PP. Trappistes ont obtenu, par arrêté ministériel du 11 juillet 1843, d'élever, sur une concession de 1,020 hectares, un monastère de leur Ordre, dont l'Evêque d'Alger a posé la première pierre, le 14 septembre de la même année, sur un lit de boulets ramassés à l'endroit même qui fut le théâtre du combat. La consécration de l'édifice, qui fut érigé en abbaye, a eu lieu le 30 août 1845. L'oued Bridja à l'E., l'oued Boukara a l'O., étaient les limites de la concession, qui a été agrandie.

Le bâtiment principal du monastère forme un rectangle de 48 mètres de longueur sur 12 mètres de hauteur. La cour intérieure est occupée par un jardin entouré d'un cloître à deux rangs d'arcades au rez-de-chaussée et au premier étage. La chapelle occupe toute une aile. La cuisine et le réfectoire sont au rez-de-chaussée; les dortoirs et l'infirmerie au premier étage. Les murs sont couverts d'inscriptions qui rappellent le néant et les misères de la vie, entre autres : *S'il est triste de vivre à la Trappe, qu'il est doux d'y mourir !* — et d'écritaux qui indiquent à chaque Religieux les corvées du cloître et les travaux extérieurs de la saison.

A gauche de l'abbaye est la ferme, grande enceinte de 60 mètres carrés, formée par les écuries et les hangars de l'exploitation agricole. — A droite sont les ateliers et autres dépendances, forge, serrurerie, charronage, menuiserie, boulangerie, buanderie, laiterie, basse-cour. Le cimetière est aussi de ce côté. En avant est un autre corps de logis, dont l'entrée est formellement interdite aux femmes. Là les voyageurs reçoivent gratuitement l'hospitalité pendant trois jours. — Quant on en a franchi la porte, on aperçoit en avant de l'abbaye, un bouquet de palmiers qui ombrage une statue de la Sainte Vierge dont le nom, sous le titre de *Notre Dame de Staouéli*, est le vocable de la maison. Le mur de clôture haut de 2 mètres et demi renferme 50 hectares, le verger, les vignes, l'orangerie. Les eaux ont été recueillies et desservent toutes les parties du monastère ; dirigées sur un aqueduc de 11 mètres de hauteur, elles viennent faire mouvoir deux moulins, et alimentent encore les fontaines du nouveau village. En dehors de la clôture, 400 hectares sont défrichés. Le miel, le lait, le beurre y sont excellents, la viande est succulente. On compte 108 Religieux, dont 22 Pères de chœur. On emploie 20 ouvriers civils, et tous ceux qui, sans ouvrage, viennent y travailler pour le vivre et le couvert.

Une hôtellerie louée à un restaurateur, vend à manger aux pèlerins. La route d'Alger à Koléa passe devant la porte de l'abbaye.

Un décret impérial du 24 mars 1855, a décidé la création, à 18 kilom. d'Alger et à 2 kilom. N. de la Trappe, entre le couvent et la presqu'ile, d'un centre de population. Les Ponts-et-Chaussées ont amené les eaux de l'oued Boukara par un barrage de retenue, au-dessous du moulin des Trappistes, qui les conduit dans une construction en forme de marabout, d'où elles sont réparties en une fontaine qui débite 100 mètres cubes d'eau en 24 heures, et en un canal d'irrigation qui reçoit 500 mètres cubes, durant le même temps. Un abreuvoir et un lavoir, complètent les travaux qui concernent les eaux. 597 arbres d'essences forestières ont été plantés sur la place et dans les rues du village. Population, 242 Français, 90 Étrangers. A 6 kilom. de la Trappe, on quitte la route de Koléa pour prendre un chemin de 3 kilom. qui conduit à Sidi-Ferruch. Une inscription placée sur une petite pyramide, à la rencontre des deux routes, indique au voyageur le chemin à prendre.

4° ZERADLA, situé à,4 kilom. de la mer, sur la rive droite du Mazafran, au N. d'un cours d'eau et à 12 kilom. N.-E. de Koléa, — à 26 kilom. d'Alger, a été créé par arrêté du 5 septembre 1844. Une conduite en maçonnerie, de 1,400 mètres, amène l'eau jusqu'au milieu du village où s'élève une église. Il y a aussi une école de garçons. Un puits circulaire de 20 m. de profondeur, donne encore une eau excellente. Un pont met Zeradla en communication avec Douaouda et Koléa. L'Empereur se dirigeant vers cette ville, a traversé Zéradla le 6 mai 1865. Les habitants au milieu de fortes broussailles, existent de leur industrie de bûcheron, et sont au nombre de 174 Français et 72 Etrangers. Ils ont presqu'entièrement défriché les terrains qui leur ont été concédés. Il y a 356 Arabes.

COMMUNE DE DELY-IBRAHIM.

Dely-Ibrahim est assis sur un plateau élevé de 200 à 275 mètres au-dessus de la mer, dont les brises le rafraîchissent constamment, à 11 kilom. S.-O. d'Alger, à 39 kilom. de Blida.

Dely-Ibrahim était un avant-poste surveillant la plaine de Staouéli et de Sidi-Khalef. En 1832, des émigrants alsaciens, réunis au Hàvre pour se rendre en Amérique, furent amenés en Algérie et concoururent aux premiers essais de colonisation, que le duc de Rovigo tenta à Kouba et à Dely-Ibrahim. La commune y a été instituée par le décret impérial du 31 décembre 1856.

Dely-Ibrahim compte 135 Français, 154 Etrangers. Plusieurs d'entre eux étant protestants, ils ont un pasteur de leur culte, un temple et une école. Les Catholiques ont un curé qui dessert une jolie église dont le clocher est orné d'une horloge retentissante. Il y a une école mixte. 121 Arabes sont aux environs.

Le Bassin de la Chasse, distant de 1,600 mètres, un autre à 850 mètres du village, un troisième plus rapproché (250 mètres), qui fournit 4,000 litres en 24 heures, et enfin une fontaine entourée de 40 platanes, sur la place, abreuvent suffisamment Dely-Ibrahim, que des sources soigneusement recueillies viennent mettre enfin à l'abri des inquiétudes de la sécheresse. On voit un buste en bronze du Maréchal Pelissier. Des cultures en céréales, en tabacs, en fourrages, et de remarquables vignobles, dont les vins sont estimés, se montrent aux alentours et principalement dans une grande ferme, parfaitement entretenue, qui dépend de l'Orphelinat fondé en ce quartier par le consistoire protestant d'Alger, où sont 71 élèves.

Les sections communales de Dely-Ibrahim sont :

1° DRARIA, fondé par décret du 10 janvier 1842; Il est situé à 14 kilom. S. d'Alger, à 205 mètres d'altitude. De belles maisons de campagne décorent le paysage. Un mur d'enceinte, que vient baigner l'oued Kerma, donne au village la forme d'un carré long, qui se termine en pointe vers le S. La fontaine, ombragée de saules-pleureurs, et le lavoir public, occupent cette saillie. Des bâtiments communaux, une école, une jolie église offrent depuis longtemps, l'apparence de la France dans ce joli endroit, où les cultures des céréales, du tabac, du coton, de la vigne, et l'exploitation de six carrières de pierres, d'une qualité fort estimée, ont fixé 180 Français, 240 Etrangers, 377 Arabes. Dans cet ensemble, doit être comprise la population de Kadous, qui est annexé à Draria.

Kadous, à 9 kilom d'Alger, créé par arrêté du 22 avril 1835, est un hameau de quelques fermes et de jolies propriétés particulières, élevées sur un terrain excellent où, du temps des Maures, on construisait une sorte de poterie pour les conduits et canaux (Kadous), dont le nom est resté à la localité.

2° EL-ACHOUR, situé à 2 kilom. de Dely-Ibrahim, sur le versant d'une colline, à gauche de la route d'Alger à Douéra, à moitié chemin de l'un à l'autre de ces deux points, est fertile en fourrages. Les sources de l'oued Kerma y prennent naissance et alimentent une jolie fontaine. Il y a un lavoir, de nombreuses et belles plantations publiques. — Eglise, presbytère, école, — un moulin. Ce village a été créé par arrêté du 20 avril 1842. Sa population est de 151 Français, 58 Etrangers.

3° OULED FAYET, ancien avant-poste, actuellement un des plus jolis séjours du Sahel, un des plus fertiles en cultures maraîchères, et où les bestiaux sont élevés avec le plus de bonheur. Ce village a été créé par arrêté du 2 décembre 1842. C'est un losange dont l'Haouch Deschiaoud forme l'angle N., situé à 16 kilom. S.-O. d'Alger, à 3 kilom. de Dely-Ibrahim et à 1,220 mètres de la route de Douéra. Il est assis sur une éminence, à 249 mètres au-dessus de la mer, pourvu d'eau, entouré d'un ravin, et voisin de quelques palmiers. De ces crêtes, la vue s'étend sur Chéraga, la plage et Dély-Ibrahim. On y trouve tous les bâtiments communaux. La population est de 186 Français, 42 Etrangers, 24 Musulmans.

COMMUNE DE DOUÉRA.

Douéra est situé sur le Sahel, à 180 mètres au-dessus du niveau de la mer, par 0°37' de longitude O., et

36°40 de latitude N., à 23 kil. d'Alger, à 13 kil. de Boufarik, à 27 kil. de Blida.

Le pays est fort accidenté, il y a peu d'arbres. De vastes pâturages, de belles cultures, d'autant plus difficilement obtenues que l'eau est moins abondante dans la localité, entourent la ville, dont le périmètre affecte la figure d'un carré long.

Douéra n'était qu'une agglomération de gourbis au milieu d'une petite propriété, lorsque les Français, se dirigeant sur Blida, y passèrent dès 1830. On s'occupa, en 1835, d'y établir un poste pour surveiller la plaine de la Métidja. Le 21 décembre 1842, un arrêté fixa la délimitation de son territoire. La municipalité y fut constituée en 1850. La secousse du tremblement de terre du 2 janvier 1867 à fortement ébranlé beaucoup de maisons.

Il existe une Justice de paix et une lieutenance de gendarmerie. La religion catholique a un curé et un vicaire, et le culte protestant, un pasteur. La population est de 1026 français, 229 étrangers, 11 juifs, 320 musulmans. Le pénitencier militaire enferme 600 sujets.

Les rues sont régulières, mais encore à l'état d'ébauche en plusieurs endroits, quelques unes ont été empierrées. La plus belle est la rue d'Alger, traversant toute la ville en ligne droite et bordée d'arbres. Des jardins sont enclos dans le corps même de la ville, qui est toute de construction européenne. L'église est bâtie sur une élévation; on y parvient par un large escalier. Elle est de bon goût et surmontée d'un haut clocher, avec horloge. Le temple protestant est une construction bien située, auprès d'une fontaine abondante. Il y a d'autres fontaines à la porte d'Alger, à la porte de Blida; celle de la place du Marché est alimentée au moyen d'une pompe puissante. Elles débitent 15 m. cubes d'eau par 24 heures, dans les plus fortes chaleurs. La place de l'ancien marché, où l'on parvient par des marches, et celle du camp, sont les espaces les plus développés de cette petite localité.

Dans l'ancien camp se trouvent quelques constructions où des prisonniers sont retenus, et où l'on entrepose quelque matériel appartenant au service de la Guerre.

Un fort bel hôpital est le plus important établissement de la ville. Il comprend un hospice pour les vieillards et incurables. Un abattoir, simple baraque en planches, est établi hors de l'enceinte. Il existe deux écoles primaires pour les garçons : une pour les Catholiques, l'autre pour les Protestants. Une école communale pour les jeunes filles, qui reçoit en pension, et une salle d'asile, sont tenues par des Religieuses. Un marché est abondamment pourvu tous les matins. Un Comice agricole dit du Sahel, se réunit chaque mois.

Il y a une Société de secours mutuels. L'industrie particulière consiste en céréales, bétail, tabac ; — crin végétal ; — moulin à vent. Le principal et le meilleur hôtel est celui dit *du Sahel*, rue d'Alger. C'est là que s'arrêtent et se croisent les diligences. Là aussi est un café. On trouve à louer des voitures et des chevaux. Les environs ne présentent que des coteaux et des ravins.

Les routes qui viennent aboutir à Douéra sont celles d'Alger à Blida, celle d'Alger par Crescia, et celle de Sainte-Amélie, avec embranchement sur Saint-Ferdinand.

La route de Cherchel, par le pied du Sahel et aboutissant à Koléa, est jalonnée de belles fermes dont les terrains sont en pleine culture et donnent de belles récoltes.

Les sections communales de Douéra sont :

1° BABA-HASSEN, situé à 5 kil. N. de Douéra, à 175 mètres d'altitude, est un joli village, presqu'entièrement conquis sur les broussailles et les palmiers-nains, riche en tabac, oliviers, vignes et cotons. On y remarque des cultures de nopal *(opuntia coccinillifera)*. Il y a trois fontaines d'une eau excellente, un abreuvoir et un lavoir. — Population, 166 Français, 49 Etrangers, 19 Musulmans.

2° CRESCIA, à 4 kil. E. de Douéra, village qui a été créé par arrêté du 5 juillet 1843, sur l'emplacement de l'ancien haouch Ben Kadéri, où l'on avait établi un poste de surveillance dont les constructions importantes ont été concédées aux colons. Il y a une chapelle. Ce village est répandu sur les altitudes de 169, 206, 208, 211 mètres au-dessus du niveau de la mer. Les broussailles y font place, chaque jour, à des cultures fructueuses. Le canton jouit d'une grande fertilité. Population, 174 Français, 59 Etrangers, 275 Musulmans.

3° MAHELMA, à 9 kilom. O. de Douéra, sur une altitude de 200 mètres. C'est l'ancien poste des Zouaves au temps des Turcs. Les troupes que la France entretient sous le même nom, ont été longtemps cantonnées sur ce point. Une pyramide, que ces militaires ont élevée au-dessus d'une fontaine et qu'ils ont décorée d'un écusson portant un coq gaulois et d'une inscription, conserve le souvenir de leur séjour et de leurs travaux dans cet endroit. Il y a là un mamelon, assiette de l'ancien camp dominant un ravin qui va à la Métidja et un autre à Staouéli; il commande aussi la magnifique vallée du Massafran, coulant à l'O. Le village a été bâti, en six mois, par les soldats disciplinaires, et fut peuplé, en partie, de colons militaires. Il y a sur la place une fontaine recouverte d'un dôme. Un bois de

trembles sert de promenade publique. Maison commune, chapelle, école mixte. Le foin, le tabac et la vigne y prospèrent.
  Le défrichement est difficile sur ce sol couvert de palmiers-
nains, dont les habitants obtiennent beaucoup de crin végétal.
  Population : 271 Français, 28 Etrangers, 239 Musulmans.
  4° SAINTE-AMÉLIE, à 6 kil O.-N. de Douéra, et à 3 kil de
Mahelma, sur l'emplacement du haouch Ben Omar. Sainte-
Amélie est une localité pittoresque et fertile, coupée par de
frais vallons, et abreuvée par de nombreuses fontaines coulant
sous des palmiers. On a trouvé d'intéressantes ruines romaines
à l'ombre de ces arbres et dans le voisinage de ces cours
d'eau : une mosaïque avec inscription latine, des salles bien
conservées, avec leur pavage en carreaux vernissés. Les légendaires ont prétendu y retrouver le palais d'une fée célèbre
par sa beauté et ses grâces de syrène, qu'on appelait la prin-
cesse Métidja. Le village a une église et une école mixte. La
population est de 103 Français, 36 Etrangers, 238 Musulmans.

  5° SAINT-FERDINAND, à 8 kil. N.-O. de Douéra, sur un
plateau de 120 mètres d'altitude, au centre du Sahel, dominant la plaine de Staouéli, est un beau et riant village; on y
élève beaucoup de bétail. Au temps de la guerre, c'était là le
repaire des brigands qui désolaient les entours d'Alger. L'arrêté du 16 janvier 1843, y créa le centre de population qu'on
y voit aujourd'hui. Les condamnés militaires en ont élevé les
maisons pour les colons qui sont venus s'y établir. On y voit
une sorte de château, maison de plaisance couverte d'ardoises
et décorée d'écussons sculptés. Des jardins entourent cette
propriété.
  Une colonne et une belle croix en fer sont aussi des monuments de la localité. Il y a une église et une école mixte.
  A 1 kil., on rencontre la ferme dite la Consulaire, hameau
formé pour cinq familles, sur les fondations d'une ancienne
maison romaine affectée, aux temps antiques, à l'exploitation
agricole de ces contrées. Sur une tour adossée aux constructions, les armoiries du maréchal Bugeaud, entourées d'instruments aratoires, ont été sculptées.
  A 1,200 mètres O. de la Consulaire on trouve le marabout,
dit d'Aumale, qui est à une égale distance de Sainte-Amélie et
de Saint-Ferdinand (2 kil.). Autour de ce marabout en maçonnerie, parfaitement conservé, et auprès d'une belle fontaine,
cinq maisons doubles ont été groupées.
  La population de St-Ferdinand est de 124 Français, 87 Etrangers, 6 Arabes.

  Les annexes de ce centre sont :

  Ouled Mendil élevé à 156 mètres au-dessus du niveau de
la mer. C'est une ancienne redoute. Un marabout et les quel-

ques tentes d'une tribu formaient toute son importance, quand
les Ponts-et-Chaussées vinrent y construire des baraques, en
1838. Une pierre tumulaire, élevée sur les corps massacrés
d'une petite troupe d'artilleurs surpris au flanc de ce coteau
par les Arabes, en 1841, est un monument qui perpétuera le
souvenir des dangers qu'on courait naguère, en traversant ces
localités aujourd'hui si paisibles et si fréquentées.
Population : 282 Arabes.

St-Jules, 17 habitants

Ben-Chaban, 57 Français, 3 Etrangers.

COMMUNE DU FONDOUK

Le Fondouk est situé à 32 kilom. E. d'Alger, sur la
rive gauche de l'oued El-Khremis, sur le versant N.-O.
d'une montagne où les Arabes avaient autrefois un
marché, sorte de halle couverte, comme l'indique le
mot *fondouk*, à l'extrémité orientale de la Métidja.

Plaine de la Métidja. Cette plaine qui s'étend de l'O. à l'E.—
du pied du mont Chenoua jusqu'à l'oued Boudouaou, sur une
longueur de 96 kil. et une largeur de 22, — déroule entre l'Atlas
et le Sahel une zône concentrique autour d'Alger. Le sol ondule
en petites collines du S. au N., en descendant vers la mer.
La Chiffa, l'Harrach et de nombreux cours d'eau la traversent.
L'oued El-Khremis développe les sinuosités de son cours du S.
au N., dans la partie la plus orientale. Les rocailles que ce
fleuve charrie dans son lit, s'agglomérant aux déclivités du
terrain, dont l'inclinaison est sensible aux approches de la mer,
entretiennent dans cet endroit quelques marécages.
Les Tagarins et les Mojadares, Maures andalous, proscrits
des royaumes de Valence et d'Aragon, y apportèrent autrefois
les arts de la culture et la prospérité; mais accablés de vexa-
tions par les Turcs, qui s'établirent alors à Alger, ils s'éloignè-
rent avec tous les éléments de civilisation de cette terre fertile,
qui n'attend pas la main de l'homme pour se couvrir des plus
riches pâturages et se parer des plus belles fleurs.

Un camp fut établi au Fondouk dès 1839 ; on éleva
un mur d'enceinte, défendu par quatre bastions ;

on créa de vastes et beaux établissements militaires.
Un village se forma au pied et sur la rive gauche de
l'oued ; on ménagea des fontaines, des abreuvoirs, des
lavoirs, etc. La politique de 1842 en ordonna l'évacuation. Les systèmes de colonisation de la plaine ont
ramené sur ce point. Un arrêté du 14 octobre 1844 a
ordonné la délimitation de 1,200 hectares, pour le
placement de 150 familles. Depuis cette reprise d'occupation, l'état sanitaire du pays s'est beaucoup amélioré,
à cause des grands travaux de dessèchement qui ren-
dront à la plaine son ancienne étendue labourable. Un
décret présidentiel y constitua la commune, dès le
22 août 1851. Le décret impérial du 31 décembre 1856
a définitivement fixé la municipalité au Fondouk.

La population est de 222 Français, 224 Étrangers,
3,100 Arabes. Il y a une église, une mairie, une école.

Une conduite d'eau de 1,500 mètres environ de longueur, a été construite, et alimente une fontaine qui
débite 15,000 litres en vingt-quatre heures, par les
plus fortes chaleurs. Le trop plein se rend dans un
abreuvoir et un lavoir couvert. Les eaux de l'oued El-
Khremis ont été employées à l'irrigation, au moyen
d'un canal de dérivation de 2,500 mètres de développement. Soixante hectares de terrain sont ainsi arrosés.
Ce travail permet aux habitants de se livrer aux cultures industrielles ; ils ont consacré leurs terres irrigables
à celles du tabac et du coton. Un moulin à farine, d'un
seul tournant et pouvant moudre 20 quintaux de grains
par jour, a été construit sur le canal de dérivation.

Plusieurs exploitations agricoles sont disséminées sur le vaste territoire du Fondouk, qui a trouvé un puissant aliment de vitalité dans l'achèvement de la route qui relie Dellis à Alger. La ferme d'Aïn Khadra, comprend de vastes dépendances et un moulin à farine mû par l'eau.

COMMUNE DE KOUBA.

Kouba est situé à 8 kilomètres E. d'Alger Le 21 septembre 1832, l'administration fonda, à un kilomètre plus au Sud, sur une hauteur du Sahel d'où l'œil embrasse un vaste et magnifique horizon, un village qui fut nommé le *Nouveau Kouba*, pour le distinguer d'une localité du même nom qui existait entre le pied du coteau et la mer. Les colons alsaciens qu'on y établit sous la protection d'un camp qui est devenu le grand séminaire, dont l'église se profile à l'horizon dans des proportions imposantes, le quittèrent faute d'eau et vinrent se fixer au *vieux* Kouba qui devint le *nouveau* par leurs neuves habitations. Ce qu'on désigne sous le nom de *Vieux Kouba* fut donc leur premier séjour. La commune a été définitivement constituée par le décret du 31 décembre 1856. Les 24 et 25 mai 1865, l'Empereur allant à Fort-Napoléon et au retour, a traversé Kouba.

La population est de 362 Français, 604 Étrangers, et 354 Maures, cultivateurs et jardiniers. Il y a une société de secours mutuels.

Le territoire de Kouba comprenait ce que les Turcs appelaient le Fahs (la banlieue) d'Alger. De jolies maisons de campagne y ont existé de tout temps : les Européens les ont singulièrement embellies. Les arbres et la vigne semblent s'y plaire. Une maison d'orphelins de la *Sainte-Enfance,* sous la conduite des Dames de Saint-Vincent, et le grand séminaire, sont les établissements les plus en évidence. Il y a une église. L'oued Knis passe au pied du coteau, sous un pont de pierre, après avoir fait tourner plusieurs moulins à farine. Des briqueteries et des carrières sont exploitées avec avantage.

Kouba a pour section communale :

HUSSEIN-DEY. C'est un village créé par arrêté du 23 mai 1845, à 6 kilom. d'Alger. Il doit son nom à une belle habitation qui appartenait au dernier Dey et qui est devenue le noyau du vaste établissement où le service des tabacs a ses manipulations et ses magasins, et entretient un nombreux personnel. Le territoire, dont une grande portion longe la plage, est bien boisé et fertile en légumes. Il est animé par 1,838 habitants, dont 448 Français, 1,150 Etrangers, la plupart s'adonnant à la culture des plantes potagères, — 240 Arabes. De ravissantes villas parsèment la verdure touffue de ce beau canton; des usines s'y sont aussi formées. Une jolie chapelle, au bord de la mer, jette aux brises les joyeux tintements d'une cloche argentine que suspend un gracieux clocheton, et que les maraudeurs nocturnes du quartier, qui ne respectent rien, ont plusieurs fois enlevée.

Il y a une école et une fontaine avec abreuvoir. Le chemin de fer, qui a une station au bord de la mer, longe cette commune. Auprès du cimetière, qui est dans le sable, se trouve le polygone pour les exercices du tir de l'artillerie.

COMMUNE DE LA RASSAUTA.

La Rassauta est située à 18 kil. E. d'Alger, sur un coteau qui incline vers la Métidja; au pied, à l'E., coule l'oued el-Khremis en détours sinueux, avant de se jeter dans la mer.

La Rassauta était une belle propriété de 11,069 hect. 58 cent., ancien haras des Turcs, où s'élèvent deux constructions propres à recevoir des troupes. En 1836, M. le prince de Mir, Général polonais, réfugié, avait obtenu la concession de ce vaste domaine pour y faire des essais de grande culture qui ont échoué. Par ordonnance royale, du 22 décembre 1846, un centre de population indigène, destiné à recevoir la tribu des Aribs, fut délimité à 1,600 hectares sur ce territoire.

Des exploitations agricoles ayant été suivies avec succès dans ce canton fertile par plusieurs Européens, l'administration y fut établie par décret présidentiel du 22 août 1851. — La commune y a été constituée par décret impérial du 31 décembre 1856. Les 24 et 25 mai 1865, l'Empereur allant à Fort-Napoléon et au retour, a traversé le territoire de la Rassauta et de la Maison-Carrée.

La population est de 316 Français, 474 Etrangers, 700 indigènes y compris la population de la Maison-Carrée, dans la prison de laquelle sont 602 individus.

Des travaux considérables de construction et de

culture ont été exécutés par les colons, à qui la route
d'Alger, qui se bifurque sur leur territoire pour se
continuer à gauche vers Dellis, à droite sur le Fondouk, offre de faciles débouchés. On y compte des
exploitations isolées, concessions ou acquisitions, sur
plusieurs desquelles l'éducation des chevaux et des bestiaux se fait dans de grandes proportions.

L'annexe de la Rassauta est la *Maison-Carrée*. Un fort qui
portait ce nom, construit en 1724, était une espèce de caserne
d'où les Turcs tombaient à l'improviste sur les tribus pour les
châtier et les forcer à payer l'impôt. Après 1830, cette construction crénelée, sur un monticule, fut appropriée pour dé-
fendre le passage de l'Harrach et surveiller le côté E. de la
Métidja. Elle est devenue le lieu de détention pour les condamnés arabes, sous le nom de *Maison centrale de l'Harrach*.

Un village répandu autour, à 12 kil. E. d'Alger, sur la rive
droite de l'Harrach, fut fondé par décret présidentiel du
22 août 1851.

Le 18 septembre 1860, Leurs Majestés l'Empereur et l'Impératrice arrivèrent dans le voisinage de la Maison-Carrée où
les attendait une fête arabe, dans laquelle les goums se livrèrent, en leur présence, au jeu national et guerrier de la fan-
tasia. — simulèrent l'attaque d'une caravane et des chasses
au désert. Les principaux chefs indigènes vinrent offrir à
l'Empereur des chevaux magnifiquement harnachés, et à l'Impératrice des présents de leurs pays.

Entre Kouba et l'Harrach, à l'entrée de la plaine de la Métidja, une compagnie possède une importante usine pour la
fabrication des papiers. Cette société ayant obtenu une chute
d'eau près du Gué de-Constantine et de la route d'Alger à
Rovigo, a construit un canal de 4,000 mètres qui lui permet,
avec l'aide de la vapeur, de fabriquer 1,000 kil. de papier par
jour. Il y a une station du chemin de fer, et un peu plus loin
un pont de pierre sur l'Harrach.

La section communale de la Rassauta est :

FORT-DE-L'EAU, à 18 kil. d'Alger. Un décret présidentiel du
11 janvier 1850, a créé, sur 500 hectares du domaine de la
Rassauta, et à 3 kil. de ce point, un centre de 50 feux, exclusivement habité par des Mahonnais. Ce village est d'une propreté charmante, selon les habitudes de ces nationaux sobres
et laborieux. Tout-à-fait approprié à leurs usages, ce centre a
une jolie chapelle. On désirerait y voir des arbres. Les hameaux

de la *Maison-Blanche*, à l'endroit où la route se bifurque, et celui du *Retour de la Chasse*, dépendent de ce centre.

La population totale est de 185 Français, 582 Etrangers, 776 Arabes

COMMUNE DE ROUIBA.

Rouïba, village sur un mamelon à 25 kilom. E. d'Alger, traversé par la route de Dellis, et créé par décret impérial du 30 septembre 1853, a été reconnu commune en plein exercice par le décret du 22 août 1861. — On y parvient par la route d'Alger au Fondouk, que l'on quitte à la maison du *Retour de la chasse*, en prenant à gauche, et l'on traverse l'oued el-Khremis sur un pont. Il n'y a pas d'eau courante dans cette localité et les puits à noria y suppléent. Sur la place une pompe, dite *Castraise*, remplit deux bassins et un abreuvoir. Des platanes et ormeaux ont été plantés par l'administration. Les colons, dans une vaste plaine sans arbres, s'adonnent principalement à la grande culture. De belles fermes se font remarquer. Il y a, à Rouïba, un marché du samedi fort fréquenté. La population est de 118 Français, 288 Etrangers, 654 Indigènes. Les 24 et 25 mai 1865, l'Empereur allant à Fort-Napoléon et au retour, a traversé Rouïba.

La section communale de Rouïba est :

AIN T'AIA, centre de population sur la plage de la baie Est du cap Matifou, entre l'oued el-Khremis et le Bou Douaou, à 31 kilom. E. d'Alger, créé par décret impérial du 30 septembre 1855. Des arbres, — ormes, platanes et saules de toute beauté, ont été plantés autour des sources de la localité. Les fruits y sont excellents Il y a un réservoir situé à un niveau supérieur au village. L'ouverture d'un canal de dérivation porte les eaux à un bassin de partage, d'où une conduite en fonte alimente une belle fontaine en pierre de taille, avec abreuvoir et lavoir couvert. Divers canaux d'irrigation atteignent les jardins contigus aux habitations. Une chapelle et une maison commune complètent les constructions élevées par l'administration. La route du Fort-de-l'Eau situé à 11 kilomètres, traverse le village, se dirigeant sur Rouïba. A droite sont des fermes importantes. La population est de 77 Français, 699 Etrangers, 372 Indigènes.

Les annexes d'Aïn Taïa sont :

1° *Aïn Beïda,* hameau de 40 feux, qui a une fontaine et deux bassins.

2° *Matifou,* à 27 kil d'Alger, autre hameau, abreuvé par de pareils aménagements, non loin d'une fontaine nommée *ochrob ou hereub*

أشرب وهرب ce qui veut dire : *Bois et vas-t'en,* parce que la fièvre y prenait, autrefois, ceux qui s'arrêtaient sur ses bords. Nous ne saurions garantir du même malheur, aujourd'hui, ceux qui s'y rafraîchiraient.

A un quart d'heure de marche, vers le S., s'étendent, — sur un emplacement oblong de près d'une lieue, que la côte escarpée limite au N.-E., — les ruines de *Rusgunium,* ville romaine, dont les débris ont servi à la construction de la plupart des vieux édifices d'Alger. On voit encore des voûtes, restes d'anciens bains, des tronçons de colonnes, des mosaïques, de profonds fossés, des traces de fondations, dont les pierres ont été arrachées. Non loin est une carrière dont les produits ont dû être employés à l'embellissement de cette antique cité. Au N. est un bon mouillage par les vents d'E. et de N.-E., sur un fond de sable et de vase, par 10 à 12 brasses d'eau. C'est là que Charles-Quint rembarqua les débris de son armée, sur la flotte de Doria, en 1541, et jeta de dépit, dit-on, sa couronne dans la mer; — avis aux plongeurs.

La population d'Aïn Beïda et de Matifou est de 8 Français et 84 Etrangers.

COMMUNE DE ROVIGO.

Rovigo est situé à 30 kilom. S. d'Alger, entre l'Arba

et Souma, près de l'endroit où l'Harrach débouche dans la plaine.

Ce village qui porte le nom du duc de Rovigo, qui fut Général en chef de l'armée en Algérie, de décembre 1831 à mars 1833, a été commencé en 1849 et inauguré en 1851, au voisinage de l'ancien camp de l'Harrach. Il a été constitué en commune de plein exercice par décret du 22 août 1861.

La population est de 277 Français et 79 Étrangers. Les Indigènes sont au nombre de 1,279. Il y a une maison commune, une église, une salle d'asile, un lavoir couvert et deux bassins.

Rovigo est un endroit fécond où l'on élève beaucoup de bétail. Des oliviers nombreux ombragent le pays. Le canal de dérivation des eaux de Thiammémin y assure la salubrité. Il y a un moulin à farine. Le plâtre qu'on tire de la localité est très-beau et déssert toute la province.

A 2,700 mètres du village, sur la rive gauche de l'Harrach, sont les sources d'*Hammam Mélouan*, qui sont analogues à celles de Balaruc, Lucques, Bourbon-les-Bains, et sont d'une efficacité constatée dans les maladies de la peau, les rhumatismes, les engorgements abdominaux, principalement de la rate et du foie. Des sources nombreuses qui sourdent à Hammam Melouan, deux sont abondantes : la source de la Koubba de Sidi Sliman, la plus chaude, dans un bassin de deux mètres de long, sur un mètre de large et de soixante centimètres de profondeur — et la source du Puisard. L'eau est d'une amertume fraîche, analogue à la saveur de l'eau de mer, d'ailleurs limpide, claire, inodore, très-légèrement onctueuse au toucher. La température paraît être, terme moyen, 39 à 40° centigrade. Son analyse a donné une proportion considérable de sel marin : 26 grammes 50 centigrammes. Elle égale, ainsi, presque celle de la mer *(Docteur Payn)*. Les Maures d'Alger en ont été de tout temps les visiteurs assidus, et depuis quelques années, beaucoup d'Européens malades s'y sont rendus et en ont obtenu d'excellents effets. La concession de ces eaux thermales, avait été faite, à charge de construire près des sources une maison de santé. On a voulu que l'établissement à créer fût en rapport avec les immenses et précieuses ressources des thermes, et avec le nombre considérable de malades qui, de tous les points de l'Algérie, de la France et de l'Angleterre, viendront, hiver comme été, y chercher la santé. Les Algériens auront ainsi à leurs portes, les moyens curatifs et le confort que l'on va, à grands frais, demander aux eaux de France et d'Allemagne. La douceur de la température, la haute valeur thérapeutique des eaux, le puissant attrait du pays, l'extrême proximité d'Alger, — tout concourt à assurer un brillant avenir à l'établissement d'*Hammam Mélouan*. *(Guide à Alger et ses environs*, 1864).

ARRONDISSEMENT DE BLIDA.

COMMUNE DE BLIDA.

SITUATION. Blida est située par 0°30' de longitude O., et 36°28' de latitude N., dans l'intérieur de l'Algérie, à 48 kil. S.-O. d'Alger, à 42 kil. N.-N. E. de Médéa, à 70 kil. E. de Miliana.

ASPECT EXTÉRIEUR. Blida, à l'extrémité S. de la plaine de la Métidja, assise sur un terrain uni, au pied septentrional du Petit-Atlas, dont les premiers gradins ne sont éloignés que de quelques centaines de mètres

de ses murs, est élevée de 100 mètres au-dessus du Ma-
safran, et de 185 au-dessus du niveau de la mer. Une
ceinture du plus beau feuillage l'entoure en toutes saisons. A l'abord même, elle semble perdue dans une
forêt d'orangers de la plus luxuriante verdure. A distance, la ville développe une grande étendue où s'élèvent de belles constructions, qui semblent annoncer
une cité importante et opulente, placée dans le site le
plus heureux.

NOTE HISTORIQUE. Ce lieu, quel que soit le nom antique
dont il fut décoré, a dû être occupé de tout temps, à cause de
la position avantageuse et charmante qu'il offre, mais rien
jusqu'ici n'a prouvé qu'il ait jamais été une station militaire
aux époques reculées. Des marabouts, dont les tombeaux
vénérés sont situés près de la source, et sur les bords de
l'oued Kebir, furent les premiers habitants qui laissèrent quelques traces dans ce canton. C'est au temps de l'invasion turque
qu'il semble qu'on doive rapporter la fondation de la ville, qui
fut détruite par le tremblement de terre du 2 mars 1825, à 10
heures 1\2 du matin. Ce séjour du repos et du plaisir devint
un lieu de désolation et un monceau de ruines. Une vaste enceinte carrée fut élevée plus au N., dans la plaine, à 2 kil. de
l'ancienne ville détruite, pour protéger les nouvelles constructions, et recevoir ce qui restait de la population que des au-
teurs portent à 18,000 âmes avant la catastrophe, où plus de
la moitié périt. Mais les Blidéens restèrent fidèles à leur ancienne position, et relevèrent leurs maisons sans vouloir habiter
le nouvel enclos, qui est vide et tombe en ruines à son tour.
Le 25 juillet 1830, le général de Bourmont poussa une reconnaissance vers Blida, y fut accueilli avec cordialité, et resta
un jour. Au retour, les Kabyles accompagnèrent l'armée de
leur fusillade. Le 19 novembre de la même année, le maréchal
Clauzel ne put pénétrer dans la ville qu'après un combat. Il y
laissa un corps d'occupation qui, pour la défense de la place,
dévasta les jardins aux entours. Ben Zamoun ne cessait de
tourmenter la garnison. Le 26, il pénétra dans Blida, mais ne
put s'y maintenir. En revenant de Médéa, le maréchal Clauzel
évacua la ville, où d'inutiles massacres venaient d'avoir lieu
en représailles des attaques faites par les Arabes, et une partie
de la population suivit nos soldats dans leur mouvement de
retraite. Les autres habitants de Blida, qui avaient abandonné
leurs foyers à notre approche, revinrent après l'évacuation des
troupes françaises, chassèrent le hakem que la France avait

laissé, mais furent forcés de se soumettre, en mars 1831, aux armes du général Berthezène. Cependant, ils entrèrent peu après dans la grande coalition formée par Sidi Saadi. Le 20 novembre 1832, ils abandonnèrent de nouveau leur ville, qui fut saccagée par le duc de Rovigo, pillée, évacuée encore par les troupes françaises. Les malheureux habitants acceptèrent alors un hakem de l'émir Abd el-Kader, et en furent punis, le 29 avril 1837, par le général Damrémont. Le traité de la Tafna conservait Blida à la France; le maréchal Valée en prit définitivement possession le 3 mai 1838, et fit tracer deux camps; l'un dit *camp supérieur*, à l'O., sur la rive gauche du ravin que la tradition désigne comme l'ancien lit de l'oued Kebir; l'autre, *camp inférieur,* à l'E., et à l'entrée même des jardins couvrant la route qui conduit de Méred au camp supérieur. L'occupation de la ville ne fut effectuée que petit à petit, afin de prévenir les collisions et les dévastations. L'arrêté du 4 novembre affecta à l'hôtel-de-ville la maison dite *Dar Ibrahim Agha*. En 1842, Blida entra dans une voie de progrès qui fit concevoir les plus brillantes espérances. Une grande partie du numéraire d'Alger et les efforts de la portion la plus active de la population, furent dépensés dans cette ville d'avenir. Trop de monde à la fois peut-être, se hâta de compromettre des capitaux en constructions ambitieuses et dispendieuses, à cause des frais de transports, et, dès 1846, Blida commença à décliner. Elle se releva depuis, et l'ouverture du chemin de fer, lui promit une nouvelle ère de richesse et de prospérité.

Les 7 et 8 mai 1865, l'Empereur allant à Miliana et au retour, — les 11 et 12 du même mois, S. M. allant à Médéa et au retour, — a traversé Blida, et l'a visitée avec satisfaction.

Le 2 janvier 1867, à 7 heures 15 minutes du matin, une violente secousse de tremblement de terre lézarda un grand nombre de maisons et en fit écrouler quelques-unes.

Voici, d'après un article inséré dans le journal le *Courrier de l'Algérie*, quelle fut la physionomie de Blida pendant et après le tremblement de terre du 2 janvier 1867.

Le narrateur dont nous empruntons une partie de la description, s'exprime ainsi :

Nous allons essayer de dire nos impressions pendant la terrible journée du 2 janvier et celles qui la suivirent.

Sept heures du matin ont sonné à l'horloge de Blida..... Il pleut, et les gens qui vivent de la terre en remercient le Ciel. L'espoir renaît, le courage des cultivateurs se relève : 1867 *o les éperons verts*, selon l'expression arabe.

Tout-à-coup un roulement sinistre se fait entendre dans l'O.; les oiseaux fuient avec la rapidité de la flèche en jetant un cri aigu; un bruit souterrain, pareil à celui de lointaines détonations d'artillerie ou au fracas de lourdes voitures, gronde bientôt sous nos pieds. Il résonne, il est saccadé comme les éclats du tonnerre; il retentit comme si des masses de roches vitri-

fiées se brisaient dans des cavernes souterraines. Un souffle
chargé de soufre passe sur la ville, puis le sol oscille, il se
gonfle, il ondule ; la ligne de propagation s'allonge de l'Ouest
à l'Est, et parallèlement à la chaîne du Petit-Atlas. La terre
semble se soulever en vagues solides ; l'oscillation est horizon-
tale ; on sent aussi de la trépidation, comme si la croûte ter-
restre était choquée de bas en haut ; c'est une série de com-
motions et de secousses précipitées. Les constructions ébranlées,
craquent comme un navire dans la tempête ; les bois se déchirent en gémissant, les poutres se déchaussent, les planchers
glissent comme des tiroirs, les vitres se brisent et volent en
éclats, les murailles se disjoignent aux angles, les cloisons
secouées se fendillent, se gercent, se crevassent et perdent
leur aplomb ; les plâtres s'exfolient en lamelles squammeuses
et volent dans l'air comme des flocons de neige ; les tentures
se déchirent de haut en bas, les terrasses s'entrouvrent et laissent voir un lambeau du ciel grisâtre. Les meubles se heur-
tent sourdement, les verres se choquent et vibrent, les sonnettes
sonnent, les cloches tintent lugubrement, les glaces se détachent,
se renversent et se brisent, les porcelaines et les faïences se
fêlent. Tous les enfants crient ; les musulmans sont résignés ;
les mauresques lèvent leurs mains vers le ciel et cherchent à
désarmer Allah. Les Juifs, fous de terreur, implorent Jéhovah ;
les Juives poussent des sons inarticulés. Chacun s'adresse à son
Dieu. Les faux superbes se courbent et se font petits dans ces
terribles instants. Dieu exécute sa menace : « Je saisirai la
terre comme je le ferais d'un nid d'oiseau que je briserais avec
la couvée ! »

Que de douloureux épisodes, que de scènes dramatiques,
terribles, ont dû se passer entre ces murailles menaçantes, sous
ces terrasses prêtes à s'effondrer, sur ces planchers fuyants
sous les pieds ! Quelles pensées effrayantes ont dû surgir dans
ces cerveaux que la mort va briser peut-être ! Chaque animal
jette son cri d'frayeur : le chien glapit en fuyant, les chevaux
soufflent et brisent leurs liens. La terreur est chez tous et partout. La population — dont les trois quarts étaient au lit —
fuit ses demeures, éperdue, affolée, prise de vertige, et dans
le costume où le fléau l'a surprise : des femmes serrant leurs
enfants dans leurs bras, des jeunes filles s'échappant, par la
pluie, à peine couvertes, échevelées, les pieds nus. Les secousses continuent furieuses ; c'est toujours du roulis et de la trépidation ; les secousses sont des éternités ! Nous sentons le fléau
courir sous nos pieds ; la terre semble un corps mou, le sol
fuit et se relève

Plusieurs personnes sont renversées par la violence de la
commotion. C'est comme une houle de la mer, et l'on en a les
étourdissements ! moment terrible où une population, pleine
de jeunesse et de santé, peut, en quelques instants, n'être
plus que de la boue humaine ! La mort est partout ; elle est

sur nos têtes, sous nos pieds ; elle est devant, derrière nous.

Il pleut des pierres, des tuiles, des briques ; c'est un chaos, un fouillis de débris qui s'entre-choquent et se rompent. Tout semble pris d'un délire vertigineux ; les arbres eux-mêmes sont agités et se plaignent, et le frisson des feuilles n'est qu'un mystérieux et glacial susurrement. C'est le désordre du dernier jour.

Les murs extérieurs se lézardent ; les corniches se détachent et tombent sourdement, les pignons s'émiettent et forment un tourbillon de poussière jaunâtre, les tuiles volent en sifflant, les cheminées vacillent comme un homme ivre ; elles hésitent, chancellent et s'abattent ; quelques-unes restent debout après avoir tourné sur elles-mêmes.

Des pans de murs se détachent comme un décor de théâtre, et laissent voir les entrailles des maisons ; les minarets s'inclinent, se redressent et se découronnent, les clochetons de l'église s'agitent sur leurs bases et se disloquent ; l'un des cadrans est précipité sur le sol ; l'horloge s'arrête et marque l'heure fatale — 7 heures 15 minutes.

Dix secondes ont suffi pour mener à fin les terrifiantes péripéties du drame dont nous venons de peindre l'imparfait tableau. Toute la population est dehors, sur les places publiques ; l'inquiétude est sur tous les visages ; on se cherche avec anxiété, on se rencontre, on s'embrasse, on se serre la main, on se raconte les dangers qu'on a courus.

Après la première secousse, les plus hardis étaient rentrés dans leurs demeures pour s'habiller ou pour y prendre les vêtements de leurs femmes ou de leurs enfants ; mais un second ébranlement, très-court d'ailleurs, qui se produisit quelques minutes après le premier, les en avait chassé de nouveau. Des malades furent évacués de leurs habitations et apportés, malgré la pluie, sur les places publiques. Trois autres secousses qui se firent successivement sentir à 8 heures 6 minutes, à 9 heures 10, et à 9 heures 30 minutes, achevèrent de ruiner la confiance que quelques tenaces paraissaient avoir dans la solidité de leurs habitations. La plupart des maisons, fortement dégradées par cette dernière secousse, durent être définitivement abandonnées. Les prisons furent vidées, et les troupes d'infanterie quittèrent leurs casernes, devenues inhabitables, pour aller camper en dehors de la Porte Bizot ; les malades de l'hôpital militaire furent établis, aussi bien qu'on le put, dans les cours de cet établissement.

Des prélarts furent étendus sous les arbres de la place d'Armes, pour abriter provisoirement contre la pluie les malheureux dont les maisons ne pouvaient plus être habitées sans danger. Les gens nerveux prétendaient même que la terre ne cessait de frissonner.

La nouvelle de la destruction de Mouzaïaville, fut apportée par un gendarme vers les dix heures du matin.

Des tentes de campement avaient été demandées à Alger, et

on les attendait dans la journée. Le soir, chacun se casa comme il le put, les uns sous des tentes de l'administration ou dans le camp des Tirailleurs, les autres dans des voitures ou sous des hangars ; la pluie ne cessait de tomber.

Des secousses intermittentes, accompagnées de grondements souterrains ou de détonations lointaines, furent ressenties, cette nuit, du 2 au 3.

Le lendemain Blida n'était plus qu'un camp ; les places, les boulevards, les terrains de la Remonte étaient hérissés de tentes ou de baraques ; les services publics, installés sur la place d'Armes, fonctionnaient immédiatement ; une ville de toile s'élevait dans la ville de pierre. Le problème de la fusion était même résolu : Chrétiens, Musulmans, Israélites, réunis par la communauté du danger et par la nécessité, habitaient sous la même toile.

La population blidéenne s'était déjà faite à ce nouveau genre d'existence. Dès le soir du 3, l'accordéon français, la guitare espagnole, la flûte arabe, le violon israélite retentissaient sous les tentes. Parfois, un tressaillement du sol venait interrompre brusquement cette harmonie, et rappeler à ceux qui l'avaient oublié, que le courroux de la terre n'était point calmé, et qu'ils se réjouissaient sur un volcan.

Les érudits se racontaient aussi des épisodes du tremblement de terre qui avait détruit Blida en 1825 ; ils faisaient remarquer cette singulière coïncidence de quantième du mois et de jour de la semaine : Ce fut, en effet, le 2 mars, et un mercredi.

L'agitation n'avait cessé de se manifester, mais à des intervalles plus ou moins rapprochés, pendant la journée du 3. Ce n'étaient, à vrai dire, que des frémissements paraissant avoir toujours leur point d'origine dans l'ouest ; aussi, quelques personnes s'étaient-elles décidées à rentrer dans leurs demeures délabrées. Deux secousses successives assez violentes vinrent, à une heure trois quarts de la nuit du 3 au 4, troubler leur quiétude et les pousser de nouveau sur les places publiques. La pluie n'avait pas discontinué de tomber. Vers quatre heures du matin, un ébranlement court mais intense, chassa définitivement de leurs habitations ceux que la pluie ou l'ignorance du danger y avaient maintenus. Ils durent se résigner à aller prendre leurs bivouacs sur la place publique.

Les journées des 4, 5 et 6 ne furent troublées que par quelques tressaillements sans importance, qui paraissaient être les dernières convulsions intestines de notre planète. Le moral de la population était remonté et la confiance revenue : on s'occupait de mastiquer les lézardes ; mais, le 7, à 5 heures et demie du soir, une brusque commotion, précédée d'un grondement souterrain accourant de l'ouest, vint avertir les confiants que le phénomène n'avait pas pris fin. Les maisons se vidèrent une troisième fois, et ceux qui avaient essayé de s'y installer se décidèrent franchement à camper.

Depuis le 7, on n'a plus compté que quelques vibrations qui n'ont rien ajouté aux dégâts produits par les secousses antérieures.

Aujourd'hui, on a commencé la démolition des constructions menaçant ruine, et la consolidation des autres. La ville aux fruits d'or, un moment morne, triste et abattue, reprendra bientôt ses charmes et les attraits qui nous la faisaient tant aimer. Oublions nos maux, mais non la leçon. Nous voudrions qu'elle profitât aux propriétaires présents et futurs, et qu'à l'avenir, ils fissent construire dans des conditions de sécurité plus en rapport avec la constitution du sol sur lequel Blida est assise.

Mais pourquoi nous décourager quand déjà les oiseaux chantent leurs amours dans nos jardins, et que les orangers nous jettent à profusion leurs plus délicieux parfums ? La science dit d'ailleurs qu'il n'est aucune portion de la surface du globe, soit continentale, soit océanique, qui ne soit exposée aux tremblements de terre. Quoi qu'il en soit, nous sommes avertis.

IMPORTANCE POLITIQUE. Blida, chef-lieu d'arrondissement, a un Sous-Préfet, un Tribunal de première instance, une Justice de paix. La population de la ville et banlieue est de 2,814 Français, 2,510 Etrangers, 570 Juifs, 3,449 Arabes; en bloc, 632. Le culte catholique a un curé et plusieurs vicaires; l'Islamisme a un muphti.

ENCEINTE. Blida est entourée d'un mur de 4 mètres de hauteur, percé par six portes, qui sont : la porte d'Alger, du Camp des Chasseurs, Bab-Zaouïa, Bab-el-Rahba, Bab-el-Sebt et Bab-el-Kebour ou de Bizot. Le tracé d'une enceinte plus vaste circonscrit le périmètre de la ville en la figure d'un losange, dont la pointe la plus aiguë se prolonge au S.-E. Le fort Mimich, assis sur un versant de la montagne, à 398 mètres au-dessus du niveau de la mer, et sur la rive gauche de l'oued Kebir, coulant entre lui et la ville, la protége au S.

PHYSIONOMIE LOCALE. Blida est un composé

d'habitations arabes et de constructions gracieuses, quelquefois grandioses. A côté de la hutte de l'Arabe, de l'ancienne maisonnette, dont un rez-de-chaussée autour d'une petite cour carrée, plantée de quelques orangers, formait toute l'importance, s'élève sur des arcades la maison avec ses hautes fenêtres, ou bien la fraîche demeure de l'homme plus sage et plus modeste, dont les persiennes vertes s'ouvrent sur les plus riches paysages. Beaucoup de maisons jouissent de la vue immense de la plaine de la Métidja au N. — L'Atlas, qui domine la ville au S., à petite distance, plane de toute la hauteur de son imposant aspect sur tous les quartiers et se voit de presque toutes les rues. La ville, établie sur une surface plane, est régulière, bien percée, et alignée comme une cité américaine. A l'entrée de chacune des portes de Blida est une petite place. Dans les rues Bab-el-Sebt, Bab-er-Rahba, d'Alger, Abdallah (dite des *Juifs*), rue Grande, rue du Bey (dite des *Bains-Français*), on voit de hautes maisons françaises; celles qui forment le carré de la place d'Armes, qui est ornée d'un bassin et de deux rangées d'arbres, sont à arcades et d'une architecture régulière; celles de la place Bab-el-Sebt, où s'élève une jolie fontaine, rivalisent par leur élégance avec ces importantes constructions. La place de l'Orangerie est embellie d'orangers grands et forts. La grande place du Marché des Indigènes, réunit tous les jours une foule d'Arabes qui trouvent, à Blida, deux fondouks et deux bazars, et viennent y apporter les produits de leurs jardins, tandis que les Européens ont leurs étalages sur la place Bab-el-Sebt ; ils ont aussi, au même lieu, des bâtiments affectés au même usage. La viande et le combustible y sont moins chers qu'à Alger. La vie n'y est guère à meilleur marché. Les indigènes, tous les vendredis, viennent en grand nombre, à l'O. de la ville, et y tiennent une foire, où l'affluence est prodigieuse. Ils y conduisent des bestiaux, des chevaux et bêtes de somme, — y apportent des céréales, des peaux, laines, charbon, bois à brûler, — du sel provenant des montagnes. Les Zouaoua offrent leur savon, les Mouzaïa, leur tabac, les Beni Sala, des substances tinctoriales. Ces arabes achètent en échange des fers bruts, de la mercerie, de la quincaillerie, des tissus de coton, des calicots, des foulards, du sucre, de l'épicerie. Il y a une foire du 15 au 20 août de chaque année. Autrefois Blida était renommée pour ses teintureries, ses tanneries, où la préparation du maroquin pour la chaussure, l'équipement et l'harnachement était excellente; on y fabriquait des instruments aratoires. De nombreux moulins à farine, établis sur l'oued El-Kebir, qui prend sa source à 4 kil. S. de la ville, dans la gorge profonde à l'embouchure de laquelle est assise la ville, avaient été habilement établis au lieu où des chutes d'eau indiquaient l'emplacement d'usines de ce genre.

Aujourd'hui, ces industries sont bien délaissées. Toutefois, plusieurs minoteries importantes, exploitées par des Européens, sont en pleine activité; quelques-unes même fonctionnent jour et nuit, et méritent d'être visitées. On verra aussi avec intérêt une grande volière chez M. Giraud.

L'oued El-Kebir presque tout entier, est pris au-dessus de la ville, où l'on a fait un barrage ; ses eaux arrivent à Blida par des conduits souterrains savamment ménagés. Ce travail, et des aqueducs qui passent par Joinville et Montpensier, déversent une abondance de liquide qui est débité par les fontaines de la place El-Sebt — des portes d'Alger, Bab-er-Rahba, Bab-el-Sebt et des bornes-fontaines, répandant plus de 13,000 m. cubes d'eau en 24 heures, dans le temps des plus fortes chaleurs. L'excédant suffit à l'irrigation des nombreux jardins cultivés aux entours de la ville, et va encore enrichir les villages de sa surabondance. Un beau lavoir et trois abreuvoirs publics réunissent une partie de ces ondes, qui coulent sans cesse.

ÉTABLISSEMENTS MILITAIRES. Les bâtiments militaires sont fondés sur un plan bien entendu. Les casernes peuvent recevoir 3,000 hommes. Il y a cinq quartiers de cavalerie et un bel établissement des remontes, avec un dépôt d'étalons bien situé, bien tenu. On y voit plus de 60 beaux étalons destinés à la reproduction, auprès desquels les Indigènes s'empressent d'amener leurs juments. Un vaste hôpital s'élève près de la porte d'Alger. Le premier conseil de guerre siège à Blida.

ÉTABLISSEMENTS CIVILS. Les constructions de quelqu'importance sont la Sous-Préfecture, la Mairie et la nouvelle église.

Les mosquées Ben Sadoun, et des Turcs, sont restées à l'Islamisme. Une école primaire, tenue par les Frères de la Doctrine chrétienne, dans un édifice spécial, donne la première instruction aux jeunes garçons. Il y a aussi une école maure-française. Les demoiselles fréquentent une institution tenue par les Sœurs de Saint-Joseph. L'institution d'un bureau de bienfaisance a été confirmée le 31 juillet 1853. Un jardin public, clôturé, offre, au bois dit des *Oliviers*, un lieu de promenade des plus agréables. En face, et sur les bords de l'oued El-Kebir, un très-bel abattoir civil dessert la ville, qui a aussi un entrepôt de farine et un entrepôt de tabacs. Une station télégraphique a été établie.

INDUSTRIE PARTICULIÈRE. Un journal se publie sous le titre *du Tell*. L'orangerie du Tapis-Vert est un Tivoli délicieux, en dehors de la porte d'Alger, où les chanteurs, les acteurs ambulants, les jeux de toute espèce, les danseurs prennent leurs ébats au milieu des plus charmants parterres et sous l'ombrage parfumé d'arbres touffus ; c'est le théâtre, en la saison d'été. Les beaux cafés sont ceux *du Commerce, des Arts, de France,* et le café *Laval* qui ne leur cède guère par le goût des ornements et les bonnes consommations. Les hôtels sont bien servis : l'hôtel au coin de la rue d'Alger et de la place d'Armes, les hôtels *de la Régence, du Périgord, des Bains français, d'Orient.* Blida a un comice agricole.

ENVIRONS. Blida est une corbeille de fleurs. Sidi H'amed ben Yousef, le poëte satyrique, n'a trouvé pour elle qu'un madrigal, en disant : *on t'a nommé petite ville, moi je t'appellerai petite rose.* Les environs sont enchanteurs, à cause de la forêt d'orangers et des beaux jardins cultivés avec intelligence, du milieu desquels s'élèvent ses murs. Les orangeries s'étendent sur une superficie de 110 hectares; elles comportent 10,781 pieds d'orangers en plein rapport, 4,119 citronniers, 2,026 limoniers, 265 cédratiers et 2,148 orangers chinois et 4,502 mandarins. En 1861, 8,000 caisses d'oranges, à 15 francs l'une, en moyenne sur place, ont été exportées. Ses champs s'étendent dans un immense lointain, au N., à l'E. et à l'O., et se prolongent dans la plaine de la Métidja jusqu'au Sahel de Koléa et au Chenoua, qui cache la vue de Cherchel, ou bien sont disposés en amphithéâtre, au S., sur les pentes de l'Atlas. Là, croissent la garique, l'yeuse, le lentisque, le micocoulier, le caroubier, le palmier éventail, le genévrier, dans un désordre fantastique et charmant. Lorsqu'en pénétrant dans la vallée profonde, à l'entrée de laquelle est assise Blida, on remonte au S. par un sentier fleuri et ombragé, vers la source de l'oued El-Kebir, qui se montre à 8 kilom. de la ville, on voit les tombeaux très-vénérés du marabout Sidi Mohammed el-Kebir et de ses deux fils, qui consistent en trois dômes fort fréquentés des pèlerins, qui y apportent des présents. Au bois des Oliviers, dit le *Bois sacré*, au S.-O. de la ville, et sur la rive droite de l'oued El-Kebir, se trouve aussi le tombeau d'un Sidi Mohammed Blidi, très-illustre dans les légendes. Ces lieux de dévo-

tion forment des promenades on ne saurait plus pittoresques. Dans la direction de l'O., et à 8 kilom. de
Blida, est le pont de la Chiffa, auprès duquel l'ordonnance royale du 22 décembre 1846, a créé un village
dont la moitié des maisons a été renversée par le tremblement de terre du 2 janvier 1867. La vallée de la
Chiffa, longue de 16 kilom., va en se rétrécissant au
S., laissant des échappées de vue magnifiques entre les
rochers Quatre filets d'eau principaux, tombant à 100
mètres, à l'endroit où la gorge est la plus resserrée, et
rejaillissant en perles liquides sur des anfractuosités
tapissées d'oléandres, de salicaires et de lauriers-roses,
forment ce qu'on appelle les *Cascades de la Chiffa*. On
passe devant elles en suivant la route qui conduit à
Médéa. Dans ces gorges est une pépinière en voie d'ex-
périmentation pour le quinquina, qui est une annexe
du Jardin d'acclimatation d'Alger. Auprès d'un ruisseau nommé le *Ruisseau des Singes*, est une bonne
auberge où l'on ne couche pas. L'Empereur allant visiter Médéa, déjeûna avec sa suite, le 11 mai 1865,
au bord de ce ruisseau.

ROUTES. Les routes qui partent de Blida sont :

1° Au S.-E. la route de Rovigo ;

2° Au S. la route d'Alger, par Boufarik et Blida ;

3° Au S.-O. la route de Koléa ;

4° A l'O. la route de Cherchel.

TRANSPORTS. La ligne du chemin de fer d'Alger s'arrête à Blida. Des voitures de toute espèce sont à
la disposition des voyageurs peu ingambes et autres.

Des mulets conduits par d'infatigables Arabes servent aussi aux transports.

Les sections communales sont :

1° JOINVILLE, village situé à 2 kilom. à l'O.-N.-O. de Blida. occupe un plateau qui domine la Métidja. C'est l'emplacement du camp dit *Supérieur*, établi par le maréchal Valée, en 1838. L'arrêté du 5 juillet 1843 a établi dans son enceinte même, le centre de population pour 50 familles. Un bel aqueduc y amène des eaux abondantes qui remplissent une fontaine et un lavoir. L'éducation des plantes potagères se joint à la culture heureusement conduite dans cette localité, qui est comme un faubourg de Blida. La population est de 219 Français, 161 Etrangers, 31 Arabes.

2° MONTPENSIER est situé à 2 kil. au N. de Blida, non loin et à l'E. de l'enclos inhabité qui avait été préparé, du temps des Turcs, pour recevoir les habitants de cette ville, après le tremblement de terre de 1825. Ce village a été établi, par arrêté du 23 juin 1843, dans l'enceinte même du camp dit *Inférieur*, pour 20 familles. Les eaux d'alimentation et d'irrigation y viennent par des canaux maçonnés, et en excellent état de conservation. Il y a un lavoir couvert. L'hortolage fait l'occupation la plus lucrative des gens de l'endroit, qui ont l'écoulement fructueux de ces produits par le voisinage de Blida. Ils ont aussi des céréales et de beaux tabacs. La population est de 120 Français, 51 Etrangers, 16 Arabes.

3° DALMATIE, à 4 kilom. N.-E. de Blida, par 213 mètres d'altitude, village créé par arrêté du 13 septembre 1844, possède un territoire des plus fertiles. Il est bien arrosé d'eaux qui viennent de l'Atlas et ne tarissent jamais. Le lavoir est couvert. Un moulin à farine et un à huile fonctionnent dans une gorge. La population est de 160 Français, 79 Etrangers, 341 Arabes. Il y a une église, une école de garçons, un orphelinat libre pour les jeunes filles.

4° BENI-MÉRED, à 7 kilom. N.-E. de Blida, et à égale distance de Boufarik, par 129 mètres d'altitude, fut dans le principe une colonie de soldats. On y voit encore un mur crénelé, flanqué de petites tours aux angles. C'est entre Boufarik et Beni-Méred que, le 11 avril 1842, vingt-deux hommes, porteurs de la correspondance, et commandés par le jeune sergent Blandan, furent attaqués en plaine par 300 cavaliers de Ben Salem, et périrent presque tous. Une colonne commémorative, élevée par souscription, décore la place de Beni-Méred ; une fontaine établie au-dessous, verse l'eau par quatre mascarons de bronze dans des vasques de granit. Les eaux affectées au village sont

9.

prises dans l'oued Beni Aza, par un canal de dérivation qui les conduit dans un réservoir d'où elles sont réparties en quantités déterminées. L'arrêté du 16 janvier 1843 érigea Beni-Méred en village militaire. Il fut nécessaire d'y créer une annexe civile, par l'arrêté du 15 décembre 1845. Eglise, école de garçons. La route de Blida à Boufarik traverse ce joli village, à l'E. duquel passe le chemin de fer. Il y a une station. L'Empereur allant à Miliana, a suivi ce parcours le 7 mai 1865. Les cultures sont belles et variées à Beni-Méred. On exploite des ardoisières sur les lieux, et à Ferouka, dans l'Atlas.

Les annexes de Beni-Méred sont : *Sidi Moussa* et *Cheblaouï*. Population totale, — 375 Français, 73 Etrangers, 172 Musulmans.

Tous ces villages sont reliés à Blida par des chemins vicinaux si parfaitement entretenus, qu'on pourrait les prendre pour des allées de jardins.

COMMUNE DE BOUFARIK.

Boufarik est situé à 13 kil. N. de Blida et à 35 kil. S.-O. d'Alger, au centre de la Métidja.

Boufarik, traversé par l'armée française en 1830, lors de son excursion vers Blida, n'était qu'un humide bocage, entouré de marais aux exhalaisons malsaines, où les Arabes tenaient un grand marché de bestiaux tous les lundis. En 1832, ce fourré fut fouillé par les chasseurs d'Afrique qui en débusquèrent l'ennemi. Ce fut là que s'établit le premier poste de l'armée dans la plaine.

Le 27 septembre 1836, le mode de la concession des fermes domaniales d'Haouch Chaouch et de Bou Iaqueh, au même endroit, fut déterminé par un arrêté du maréchal Clauzel, et le plan de la ville, où les rues sont tirées au cordeau, fut mis à l'étude. L'arrêté ministériel, en date du 17 février 1840, fixa la délimitation du district à 729 hectares. Ce territoire fut augmenté de plus du double par arrêté du 31 janvier 1844. Le climat, d'abord fort malsain, s'est heureusement modifié, grâce à la culture. Il n'est point de centre de l'Algérie qui ait fait un progrès plus rapide et soit arrivé à une plus grande prospérité.

Le camp d'Erlon, monument de notre première pensée de colonisation dans cette belle contrée, les vastes bâtiments militaires qui y furent établis, et 117 hectares 26 ares 98 centiares de terrains environnants, ont été abandonnés par décret présidentiel du 16 août 1851, au R. P. Brumauld, à condition de consacrer pendant 20 ans ces immeubles à une maison d'apprentissage de jeunes orphelins. Depuis, et par décret impérial du 7 juillet 1856, divers lots de l'haouch Ben Chaban, près Boufarik, ont été ajoutés à cette magnifique concession. Les orphelins qui l'habitent, au nombre de 308, reçoivent une éducation particulièrement agricole et professionnelle, et mettent en culture de vastes jardins. Ils ont planté une véritable forêt de saules.

La population est de 1,857 Français, 1,176 Étrangers, 43 Juifs, 2,243 Arabes, en bloc 308. Un curé dessert une belle église. Le décret du 5 décembre 1857 a reconstitué la Justice-de-paix. La commune est en plein exercice depuis 1851. Il y a une mairie, une caserne de gendarmerie, une direction des postes, une société de secours mutuel, un orphéon. L'Empereur a visité cette localité le 6 mai 1865.

L'État a fait construire depuis longtemps une école pour les garçons. Les demoiselles sont instruites par les Sœurs de la Doctrine chrétienne qui ont soin aussi d'une salle d'asile. Boufarik est une ville toute champêtre. Ses rues sont de larges avenues plantées de platanes aux verts ombrages, ouvrant de ravissantes perspectives sur la plaine que limitent, d'un côté, les flancs abruptes de l'Atlas, de l'autre, les riants coteaux du Sahel. Partout les eaux circulent le long des rues en ruisseaux limpides et gazouillants, répandant la fraîcheur et la santé là où elles portèrent si longtemps la maladie et la mort. Un canal de dérivation amène une partie des eaux de l'Harrach sur divers points de la commune, et un autre, les eaux de l'oued Ben Chemala jusqu'à Boufarik même. Au milieu de Boufarik sont une fontaine et un abreuvoir alimentés par d'excellentes eaux qui se rendent ensuite dans un grand bassin, où l'on fait baigner les bestiaux. L'élève et l'engrais du bétail s'y font sur une très-grande échelle. L'abattoir civil est tenu par un receveur, un vérificateur, un vétérinaire et un personnel spécial. Les éleveurs de la commune fournissent en grande partie le marché du lundi, qui est tenu près d'un vaste caravansérail. Les bouchers d'Alger et les colons de Blida y viennent faire leurs achats et leurs approvisionnements. Tous les jours plusieurs diligences et un nombreux roulage allant de l'une à l'autre de ces deux villes, traversent Boufarik, où les rues sont belles et larges. Il y a une station du chemin de fer.

Tous les colons sont dans l'aisance ; beaucoup sont riches. La position centrale de Boufarik, où aboutissent en tous sens des communications faciles, en fait le rendez-vous des faucheurs et des moissonneurs de la plaine. Des plantations considérables ont été faites et toutes ont parfaitement réussi. Il y a un très-beau moulin à plusieurs tournants. S. M. l'Empereur a visité l'usine de M. Dumesgnil, pour le rouissage et le teillage du lin. Les hôtels où l'on peut prendre pension, sont : l'hôtel *Mazagran*, sur la place de ce nom, et l'hôtel *du Commerce*, rue de Médéa. Il y a deux cafés sous les mêmes enseignes. Toutefois celui *du Commerce* est sur le boulevard Duquesne, et celui *de la Poste*, rue de Blida.

En vertu du décret du 8 mars 1862, les propriétaires intéressés à la conservation des canaux exécutés par l'État pour l'assainissement et le dessèchement de Rhylen, Cheurfa, Goreith, Boufarik, forment entre eux une association dite *Syndicat des canaux de dessèchement de Boufarik*, pour assurer annuellement le curage et l'entretien desdits canaux. La commune supporte le quart de la dépense. Les propriétaires jouissent, en conséquence, de prises d'eaux pour les irrigations de leurs cultures.

Boufarik a pour sections communales :

1° SOUMA. Village créé par arrêté du 20 septembre 1845, à 7 kilom. de Boufarik, à 10 kilom. de Blida, sur un territoire de 900 hectares, à cheval sur la route du pied de l'Atlas. Les eaux qui l'alimentent sont fournies par l'oued Bou Chemla, qui mettent en mouvement des moulins. On remarque de beaux vergers et une vaste orangerie. A l'exposition de 1849, Souma a mérité une médaille d'argent pour ses cultures de mûriers et éducation de vers-à-soie. Il y a une église, une école mixte.

On y exploite une mine de fer. Population : 281 Français, 157 Etrangers, 1,359 Arabes.

2° BOUINAN, centre de population créé par le décret du 5 décembre 1857. — sur l'oued Riat, à 8 kilom. E de Souma, près d'une gorge boisée d'orangers et d'oliviers. Air salubre, cultures en céréales, vignes et tabac. Population : 177 Français, 69 Etrangers, 276 Arabes.

L'annexe de Bouinan est

Quatre-Chemins, hameau à l'entrée de la Métidja, à la rencontre des routes d'Alger à Blida, par Douéra et par la plaine, et du prolongement de celle de Koléa, — à 7 kilom. N. de Boufarik, à 21 kilom. N. de Blida, à 27 kilom. S. d'Alger. Il y a deux auberges.

Population : 70 Français, 11 Etrangers, 95 Arabes.

COMMUNE DE CHÉBLI.

Chébli, village créé par décret impérial du 21 juillet 1854, à 8 kilom. de Boufarik, entre ce village et l'haouch Mimouch, sur la route médiane de la plaine de la Métidja, pour 40 familles, sur un territoire de 1,072 hectares, doté d'un communal de 96 hectares. Le décret du 22 août 1861 a reconnu la commune de Chébli en plein exercice. Il a été planté, sur les places, rues et boulevards de Chébli, 1,409 arbres d'essence de platanes et de mûriers. Les travaux d'aménagement des eaux comprennent l'établissement, au centre de la place principale, d'un puits surmonté d'une pompe, d'un abreuvoir, d'un lavoir public. Une rigole de dérivation des eaux de l'Harrach alimente ces réservoirs et arrose les terres. Chapelle, école mixte.

Population : 408 Français, 466 Étrangers, 2,515 Arabes.

Birtouta a été rattaché à Chébli par décret du 20 avril 1866, comme section communale.

BIRTOUTA *(le Puits du Mûrier)*. Village au lieu où s'élevait le quatrième blokhaus, un de nos anciens avant-postes, à 27 kilom. d'Alger, créé par décret présidentiel du 15 décembre 1851, sur la route d'Alger à Blida. Il y a une station du chemin de fer.

Population : 169 Français, 30 Etrangers.

COMMUNE DE KOLÉA.

Koléa est située au revers méridional du sahel algérien, à 6 kilom. N. de la mer, en face de Blida, dont elle est éloignée de 21 kilom. N. et à 38 kilom. O. d'Alger.

Koléa, sur un plateau élevé à 150 mètres au-dessus de la mer, vu de la plaine de la Métidja et du mamelon qui la domine au S.-O., présente le tableau le plus champêtre et le plus paisible qu'une âme tranquille puisse désirer. La ville est entourée de la plus fraîche verdure qu'y entretiennent des eaux murmurantes, s'écoulant dans un profond et tortueux ravin, courant au S.-E. que les indigènes ont nommé le *Cou du Chameau* (Ank el-Djemel). On a dit, avec infiniment de grâce, que les maisonnettes blanches composant cette petite cité arabe, semblent placées capricieusement dans une corbeille de fleurs. Un beau minaret, d'une grande hauteur, accosté d'un superbe palmier, s'élève auprès du tombeau de Sidi Ali Embarek, marabout de l'endroit.

NOTE HISTORIQUE. Koléa n'est illustrée par aucun souvenir antique, pas plus que B'ida, qui la regarde de l'autre côté de la plaine. Les Romains semblent avoir dédaigné la Métidja, et s'être bornés à occuper les côtes de cette partie de la province. C'est à Fouka, situé à 4 kilom. au N. de Koléa, que l'on a trouvé des restes remarquables de l'occupation romaine : grands tombeaux en pierre, lacrymatoires, vases, médailles en quantité, le tout enfoui aux entours d'un bocage d'oliviers qui ombrage une abondante fontaine. Des travaux d'une époque fort reculée ont été exhumés, lors de la restauration de ce monument. C'est donc à cette localité, sur un coteau faisant face au N., et à 1 kilom. de la mer, qu'il faut attribuer le nom de *Casæ Calventi* (les Huttes du Chauve).

Koléa emprunte toute sa gloire de Sidi Ali Embarek, dont les miracles éclatèrent, il y a plus de 300 ans, dans cette ville, lorsque Sidi Ferruch, natif de l'endroit, se fut retiré, pour être plus recueilli en Dieu, sur la presqu'île qui porte son nom. Sidi Ali Embarek était le serviteur rustique d'un riche propriétaire appelé Bou Smaïl, qui le fit héritier de tous ses biens. Le saint homme s'appliqua à la culture, et après une vie toute pleine de bonnes œuvres et de travaux utiles, fut enterré entre un cyprès et un palmier très-hauts, dont la semence provenait de la Mecque. Autour de son tombeau se forma la ville bâtie par Hassan-Pacha, et peuplée de réfugiés andaloux. Il continua, après sa mort, à en faire la prospérité, les pèlerins n'y faisant point faute; il en venait plus de dix mille tous les ans. Dans le tremblement de terre qui eut lieu en 1825, et bouleversa la Métidja, Koléa s'écroula tout entière, le marabout du saint resta seul immobile. Le dey Mustapha Pacha le fit entourer du péristyle qu'on voit encore, et fit élever, à côté, la belle mosquée qui sert aujourd'hui d'hôpital.

Nous ne nous étendrons pas davantage sur les vertus champêtres d'Ali Embarck, ni sur ses apparitions dans les nuits d'orage sous forme d'un lion noir. Nous nous bornerons à rappeler que l'armée française parut dans les premiers jours de mars 1831, sous les murs de Koléa, dont les habitants reçurent avec empressement le Général en chef Berthezène. La guerre sainte ayant éclaté vers la fin de septembre 1832, le Général Brossard fut envoyé pour se saisir, à Koléa, de l'aga Sidi Mohammed ben Embarek, accusé d'avoir favorisé les soulèvements. Ne le trouvant pas, il emmena prisonniers deux vénérables marabouts de sa famille, et frappa la ville d'une contribution de 1 million 100,000 fr., dont elle ne put jamais payer que 10,000. En avril 1837, le Général Damrémont poussa une reconnaissance jusqu'à Koléa. Le 26 mars 1838, le maréchal Valée la fit bloquer par un camp, pour en écarter les Hadjoutes qui y faisaient le foyer de leurs rassemblements hostiles. Ces derniers ne la quittèrent qu'en forçant à l'émigration tous les habitants valides. A la reprise de la guerre, en 1839, nos troupes descendirent du camp, dont les constructions imposantes dominent la ville du côté de la plaine, et l'occupèrent définitivement. Elles n'y trouvèrent que des ruines et une population inoffensive. Le 1er mai 1841, elle fut attaquée du côté des deux tours par le bey de Miliana, qui fut mis en pleine déroute. Koléa, longtemps restée, par suite de l'arrêté du 17 février 1840, sous l'autorité exclusive des commandants militaires, fut administrée par un Commissaire civil, en exécution de l'arrêté du 21 décembre 1842. Une Justice-de-paix y fonctionne depuis le 9 septembre 1847. Un décret du 21 novembre 1851, a érigé Koléa en municipalité. L'Empereur l'a visitée le 6 mai 1865.

Koléa, détruite par le tremblement de terre de 1825, ainsi que nous l'avons dit, a été réédifiée entièrement. Les maisons qui furent alors relevées, et qui sont déjà à l'état de ruines, pour la plupart, ne sont qu'une ou deux chambres au rez-de-chaussée, couvertes en tuiles; elles occupent le fond d'une petite cour où fleurissent un oranger, un grenadier, un citronnier, quelquefois une treille, et plus souvent un jujubier. Les rameaux de ces arbres y entrelacent un doux ombrage, dont la verdure surabonde, déborde au-dessus des murs de clôture et pend sur la rue. Sur six rues larges et tirées au cordeau, il y en a quatre qui ne sont point pavées; au tomber du jour, les troupeaux qui reviennent des pâturages remplissent à grand bruit leur morne solitude. Cette petite ville compte cependant quelques constructions européennes. Auprès de la mosquée, coule une large fontaine. Devant la caserne de la gendarmerie, à laquelle vient aboutir la rue El-Souk, se trouvent aussi deux bassins. Une masse d'eau considérable, prise au N. de la ville, la traverse au moyen de syphons en maçonnerie, ménagés dans l'épaisseur du mur de quelques maisons, et va se jeter dans l'Ank el-Djemel. D'ailleurs, dans chaque maison il y a un et quelquefois deux puits. L'enceinte de Koléa est actuellement ouverte de toutes parts.

Le camp est un établissement militaire de première ligne. Il est assis sur un mamelon au S.-O Ses vastes pavillons, d'un développement grandiose, détachent leur relief sur l'Atlas, déroulant au loin un rideau dont le mirage fait quelquefois distinguer tous les replis dorés par une limpide lumière.

Dans ce camp, 1,200 hommes peuvent être casernés. Là aussi, sont : les magasins de campement, des subsistances, et la manutention. La gendarmerie, en ville, est une grande cour, entourée de quelques bâtiments au rez-de-chaussée, où les individus appartenant à l'ordre civil sont détenus, au besoin. Il y a au camp une bibliothèque choisie, à l'usage des militaires qui tiennent un cercle.

Au-delà d'une esplanade occupant le petit vallon qui sépare le camp de la ville, est une belle promenade réservée aux officiers de la garnison. Ce jardin,— parterre entretenu avec le plus grand soin, plein de fleurs rares, orné de kiosques et allées en treillages, sous l'ombre d'énormes citronniers et orangers en pleine terre, dont quelques-uns ont plus de 40 pieds de haut, et qu'un homme aurait peine à embrasser, — descend de cette esplanade au fond de l'Ank el-Djemel, par des rampes qui se perdent sous des feuillages peuplés d'oiseaux chanteurs, et remontent du fond du ravin jusqu'aux abords de la mosquée de Sidi Ali Embarek Un riche potager est joint à ce jardin.

La mosquée bâtie auprès du tombeau de Sidi Ali Embarek, actuellement affectée au service de l'hôpital militaire, est un véritable monument, pour la solidité et
l'élégance de sa vaste construction. Deux cents lits
sont placés à l'aise sous ses nefs cintrées, qui sont au
nombre de cinq, soutenues par des colonnes de pierre.
Nous avons déjà parlé du haut minaret qui la surmonte.
Le tombeau du saint personnage, sous la protection
duquel cet édifice fut placé, est une chapelle fort pieuse,
entourée d'un péristyle et totalement détachée de la
mosquée, dont une dizaine de pas la sépare. Ce tombeau,
encastré dans l'ensemble des bâtiments occupés par
l'hôpital militaire, en est pourtant isolé au moyen de
cloisons en planches, impénétrables aux regards des
Chrétiens. Il est peu de sanctuaire où l'on respire un
air de dévotion plus profondément senti. Des tapis, des
textes dorés, et des lustres en cuivre et en cristal, en
font le principal ornement.

L'église est établie dans un ancien caravansérail. Au
S.-O. de la ville, non loin de la gendarmerie, une orangerie, qui compte plus de 300 sujets, offre une délicieuse promenade aux habitants.

Le marché se tient dans la rue El-Souk, devant la
mosquée Hanefia, qui n'a rien de remarquable. Les
denrées de première nécessité n'y sont pas chères. Le
poisson y est excellent et à bon marché. Le voisinage
de la mer permet d'y voir de magnifiques homards,
langoustes et coquillages, prisés des gastronomes. Tous
les vendredis, ce marché est fréquenté par les Arabes

des alentours, qui amènent des bestiaux et apportent du charbon. — Il y a un bureau de poste et plusieurs écoles primaires. Les habitants ont formé un cercle. Hôtel *de Paris,* autres auberges et cafés. Deux moulins fonctionnent dans la localité.

Le sol est presque entièrement composé de tuf calcaire, en couches inclinées vers la plaine. On croit que ce sont des dépôts de sources thermales. Quelques gisements sont fort durs et fournissent une très-belle pierre de taille. Au-dessus de ces bancs calcaires, on voit percer dans le vallon, comme sur les bords du défilé du Maza-fran, des couches épaisses de marne bleue. Ces marnes, par leur imperméabilité, retiennent les eaux et donnent naissance aux belles sources de Koléa.

Les environs de Koléa sont très-verts, très-fertiles. Une ceinture de feuillage entoure la ville ; c'est une suite de petits vergers et jardins où l'hortolage est magnifique. Un peu au-delà s'étendent les terres labou-rables, fractionnées encore en petits lots. Une troisième zône de larges prairies règne alors sur des terrains onduleux, qui descendent par des pentes rapides, au N., vers la mer, au S. et à l'E. jusqu'aux rives du Ma-zafran, qui les contourne du S.-S.-E. au N.-E. On passe ce cours d'eau sur un beau pont de pierre construit par l'administration des Ponts-et-Chaussées. C'est sur la rive droite, non loin d'un gué connu sous le nom de Mokta Nçara *(Gué des Chrétiens),* et dans le large vallon qui garde le nom de Mazafran, que le 3e léger a été cruel-lement décimé par les troupes de l'émir, en juin 1841.

On a tant qu'on veut des chevaux et des voitures de louage. Des diligences vont et viennent entre Alger et Koléa, — et entre ce point et Blida.

Les routes qui aboutissent à Koléa, sont : celle d'Alger, au N.-E., de Douéra, à l'E., de Blida, au S., de Cherchel, au S.-O.

La population de Koléa, y comprise celle de ses trois annexes Zoug-el-Abbès, Saïghr et Chaïba, est de 882 Français, 306 Étrangers, 1,361 Arabes.

Zoug-el-Abbès, à 2 kilom. sur la route d'Alger, — *Saïghr*, à 3 kilom. sur la route de Bou-Ismaël, sont de petites localités qui, avec Messaoud et Berbessa, dont nous aurons lieu de parler ci-après (section communale de Bérard) ont été fondées sous le nom de *Hameaux suisses*, dans les derniers mois de 1851, pour donner asile à des cultivateurs du Bas-Valais.

Chaïba, à 4 kilom. S.-O. de Koléa, est une colonie militaire installée en 1852 sur l'emplacement même occupé par les bâtiments d'exploitation de la vaste propriété de M. Fortin d'Ivry. Elle réunit tous les éléments désirables de prospérité.

La commune de Koléa comprend cinq sections communales :

1° FOUKA. L'arrêté du 25 avril 1842, prenant en considération l'importance d'établir sur la limite même de l'obstacle continu, dont la politique du temps avait fait une ligne de démarcation avec le pays arabe, une population qui pût opposer à l'ennemi une résistance énergique, créa le village d'Aïn-Fouka, dont les constructions furent élevées par le génie militaire, pour 80 feux. Aïn-Fouka, renfermant une fontaine antique et un bouquet d'oliviers dont nous avons parlé, fut défendu par un mur carré, ayant une tourelle à chaque angle. Ce village est situé à 4 kilom. de Koléa, à mi-côte du versant N. du Sahel, en face de la mer, dont 1 kilom. la sépare. Il a une chapelle, un moulin et une briqueterie. Il a été peuplé d'abord de militaires libérés du service, dont quelques-uns s'étaient mariés avec des jeunes personnes de Toulon et de Marseille, dotées par ces villes. Population, 317 Français, 31 Étrangers. Il y a 56 Arabes aux entours.

L'arrêté précité, avait déterminé dans la partie du territoire qui touche à la mer, un emplacement propre à la création d'un village, principalement destiné à l'établissement d'entrepôts pour les besoins et les opérations du commerce. L'ordonnance royale du 7 janvier 1846, en ordonna la fondation, sous le nom de *Notre-Dame-de-Fouka*, autour de la crique de ce nom; cet établissement est tombé dans l'eau.

2° DOUAOUDA, village à 4 kilom. N.-E. de Koléa, sur un plateau élevé de 104 mètres, borné au N. par la mer, à l'E. par le Mazafran qui déroule un ruban sinueux. Ce centre de population a été créé par arrêté du 5 juillet 1843, pour 70 familles de Franc-Comtois, sur un territoire de 807 hectares auquel sont venus se joindre des concessions partielles dans les belles prairies de Farghen. Ce pays attrayant, dont la fertilité est entretenue par l'abondance de ses fontaines, a de belles constructions dans la position la plus avantageuse de toute la commune, par leur proximité avec Alger, Koléa, le Mazafran, et la mer. C'est un des plus beaux villages du Sahel. On y voit une église et une école de garçons. L'Empereur a visité cette localité le 6 mai 1865. La population est de 202 Français, 73 Étrangers.

3° CASTIGLIONE, sur un plateau disposé en gradins, en face de la mer, à 9 kilom. O. de Koléa, sur le trajet de la route qui doit relier Alger à Cherchel, fut fondé en 1848 pour recevoir des émigrants parisiens, envoyés par l'Assemblée constituante. Ils s'y livrent aux cultures industrielles, et on voit chez eux des champs de tabacs parfaitement soignés et des jardins maraîchers très-intelligemment entretenus. Ils ont une chapelle et une école de garçons, des fontaines, des abreuvoirs, des lavoirs couverts.

A ce centre se rattache :

Bou-Ismaël, ancienne colonie militaire de la même époque. Des ruines, objets antiques et inscriptions qu'on a retrouvés, semblent y indiquer une station romaine.
Population : 293 Français, 86 Étrangers.

4° TEFECHOUN, à 6 kilom. de Koléa, village qui a sa chapelle et son école. La conduite alimentaire de la fontaine a été construite sur un développement de 460 mètres. Elle est en poterie et en tuyaux de fonte sur le parcours de 100 mètres. Cette localité a de grandes cultures qui offrent le plus bel aspect.
Population : 195 Français, 58 Étrangers, 125 Arabes.

5° BÉRARD (ainsi désigné du nom de l'officier de marine, souvent cité dans cet ouvrage, qui a reconnu et décrit les côtes de l'Algérie), est un village maritime habité par des pêcheurs, situé sur l'emplacement de la ferme d'Aïn-Tagoureit, à 4 kil.

O. de Tefechoun, — à 10 kil. O. de Castiglione, — à 16 kil. E. de Tipaza. Il a été créé le 13 octobre 1858.

Berard a pour annexe *Berbessa* et *Messaoud* à 2 kil. de Koléa, vers la mer, qui ont fait partie des Hameaux suisses fondés en 1851. Les terres de Berbessa, situées sur les bords du Mazafran et pour ainsi dire dans la plaine de la Métidja, sont de toute beauté. Messaoud, qui n'est guère que la continuation du village de Chaïba, est aussi dans de très-bonnes conditions de réussite. Population totale : 580 Français, 76 Etrangers, 1,664 Arabes.

Par décret du 28 août 1862, il a été créé dans la plaine de la Métidja, à 40 kilom. S.-O. d'Alger, à 11 kilom. O. de Koléa, sur la route de cette ville à Marengo, sur un territoire de 1,650 hect. 66 ares 25 cent. un centre de population de 60 feux sous le nom d'*Attatba*. L'assiette du village a eu lieu sur l'emplacement d'une forêt séculaire qui avait été longtemps le repaire des sangliers, des hyènes, des panthères et des Hadjoutes, dont on retrouve les campements et les grottes de refuge D'importants travaux ont été entrepris dans cette localité ; de longs sentiers ont été ouverts jusque dans les coins les plus reculés de la forêt, — des canaux ont été construits et amènent une eau pure et salubre sur les places du village, — des terres ont été aménagées pour la culture. Le sol est admirablement propre aux plantes délicates. Des plantations de coton y ont réussi. Une belle route se dirige sur Koléa, au N.-E., et sur Marengo au S.-O. (P. Hawke.)

COMMUNE DE MARENGO.

Marengo est situé à l'extrémité occidentale de la plaine de la Métidja, à 38 kilom. O. de Blida, et à 28 kilom. S.-E. de Cherchel, sur la route de ces deux villes.

Marengo est placé sur une des ondulations qui ferment la plaine du côté de l'O. C'est l'endroit le plus considérable des centres agricoles du département.

Des collines et pentes modérées existent entre son territoire et la mer, avec laquelle elle a des communications faciles et promptes, par la vallée fertile et boisée de l'oued Nador qui débouche à l'Ouest des ruines de Tipaza.

Marengo a été fondé en vertu du décret du 17 septembre 1848, pour recevoir des ouvriers de Paris. Le décret impérial du 13 janvier 1855 l'a constitué en commissariat civil, et celui du 31 décembre 1856, en commune. Il y a une station télégraphique. La population est de 555 Français, 60 Étrangers, 9 Juifs, 166 Arabes, en bloc 41 individus.

Marengo a un hôpital dirigé par les Sœurs de St-Vincent-de-Paul, auquel sont annexées une école de filles et une salle d'asile. Un canal, dérivé de l'oued Meurad, de plus de 8,000 mètres de longueur, qui dans son parcours donne naissance à quatre chutes d'eau, de 15 à 30 mètres, amène une quantité de 200 litres par seconde. Un moulin à deux tournants est en fonction. Marengo tient, à son entrée, un marché, connu sous le nom de l'*Arba des Hadjoutes*, fréquenté par les Arabes qui y apportent des figues, des raisins secs, du miel, de la cire, des bestiaux, des laines. Des maisons d'Alger, faisant le commerce des blés, ont établi des succursales à Marengo qui, par sa situation entre le Chélif et Tipaza, port d'embarquement, se trouve être un lieu d'entrepôt pour les productions du Chélif et de l'O. de la plaine. Bon hôtel, dit *Hôtel du Lion d'or*.

La forêt de Sidi Sliman, de l'étendue de 300 hectares, située à 2,000 mètres du rivage, est composée d'ormes et de frênes, que surveille l'administration

spéciale Les colons auxquels de petits lots ont été attri-
bués dans cette forêt, profitent des prairies qui y font
suite, au N., pour élever du bétail. Ils ont aussi planté
des mûriers et des platanes. Leurs cultures en céréales
et en tabacs réussissent parfaitement. La route de Miliana, ouverte par l'armée, est une voie de communication qui favorise encore le bien-être dans la localité.

Les sections communales de Marengo sont :

1° BOU RKIKA, à l'embranchement des routes de Blida, de
Cherchel et de Miliana, à 6 kilom. E. de Marengo, à 31 kilom.
O. de Blida. Ce centre fut fondé en 1849 pour des familles alleman-
des. Le territoire, couvert de palmiers-nains, a offert un défrichement difficile. Aujourd'hui les cultures et la récolte des
fourrages sont importantes.
Population, 187 Français, 24 Etrangers, 47 Arabes. L'Empereur allant à Miliana, a traversé, le 7 mai, cette localité aussi
bien qu'Ameur el-Aïn.

2° AMEUR EL-AIN est un centre créé dans les mêmes conditions que Bou Rkika, à 24 kilom. O. de Blida, et à 14 kilom.
E. de Marengo. La moitié du village, celle qui s'étend au côté
S. de la route, avait été bâtie par le Génie militaire ; un puits
et deux sources réunies, qu'on a prises dans la montagne, alimentent deux fontaines à abreuvoirs et un lavoir. Il y a une
petite chapelle. L'administration a planté, sur les boulevards,
une grande quantité d'arbres d'essences diverses. Le transit
continuel des voitures et roulages procure plus d'un avantage
aux habitants, qui sont au nombre de 240 Français, 48 Etrangers, 11 Maures. Le tremblement de terre du 2 janvier 1867,
a lézardé toutes les maisons qui, au nombre de 98 sont devenues
inhabitables. — 3 personnes ont été tuées et 2 blessées.

3° TIPASA, situé à 8 kilom. de Marengo, est un village maritime établi au débouché de la vallée de l'oued Nador, sur un
petit port, dont la rade est bien abritée des vents d'O. par le
Chenoua. La navigation légale y a été autorisée en août 1853,
époque où l'entreprise du centre de population a été concédée
à M. de Mouchy, sur 2,672 hectares, pour 500 familles. Un poste
de douaniers a été établi. On n'obtient de l'eau qu'au moyen d'un
puits. Les réparations à un aqueduc romain amèneront de l'oued
Nador d'abondants moyens d'arrosage. Sur la pente couverte
d'épaisses broussailles, qui descend de l'E., dernière colline

du Sahel algérien, se montrent, parmi de hauts oliviers, les
ruines de Tipaza, ville romaine, dont l'enceinte était de 3,450
mètres, — 500 à l'E., 1,100 au Sud, 450 à l'O. et 1,400 sur le
rivage. Le village est assis dans les ruines mêmes. L'Empereur
Claude accorda le droit latin à cette antique cité. A l'époque des
Vandales, les habitants catholiques aimèrent mieux s'expatrier
en Espagne que d'accepter l'évêque arien que ces hérétiques
voulaient leur imposer. Quelques-uns eurent la langue coupée
en cette occasion. Les Arabes nommèrent *Tfessadl* (la Ruine),
cette ville abandonnée, dont les Turcs et les Français tour-à-
tour, ont achevé la désolation en détruisant ce qui en restait,
pour employer les matériaux à leurs propres constructions.
On trouve encore de belles briques de 8 centimètres d'épaisseur
et de 30 centimètres carrés. Au milieu de ces décombres sont
les débris d'une basilique que l'on désigne sous le nom d'*Église
de l'Est*. C'est un édifice en pierres de taille, de 60 mètres de
long sur 30 de large, ayant la figure d'un carré long. Les murs
subsistent encore à diverses hauteurs. L'entrée est à l'O., au
N. s'ouvre une grande fenêtre cintrée, et au S deux chapelles.
Un mur, avec portique ouvert, sépare le chœur de la nef. Les
chapitaux gisent encore au pied des colonnes qu'ils décoraient
jadis. 85 colons en compagnie de 72 Arabes, promènent dans
cette solitude.

A 23 kilom. de Koléa, et à 10 kilom. à l'E.-S.-E. de Tipasa,
est situé, sur le plateau du Sahel, le sépulcre des anciens rois
de Mauritanie, vulgairement désigné sous le nom de *Tombeau
de la Chrétienne* (Kober-Roumia). C'est un édifice rond de 32
mètres de hauteur, dont le soubassement carré a 63 mètres
sur chaque face. Le périmètre de la base du monument est
orné sur tout son développement d'une colonnade de 60 demi-
colonnes engagées, de l'ordre ionique, divisée en quatre parties égales par 4 portes de décoration, répondant à peu près
aux 4 points cardinaux, et d'une hauteur chacune de 6 m. 20 c.
Au-dessus, commence une série de 33 degrés, hauts chacun
de 58 cent. qui, en rétrécissant graduellement leur plan circulaire, donnent au mausolée l'apparence d'un cône tronqué. Sala
Raïs, en 1552— et Baba Mohammed, pacha, en 1766, ont fouillé
ce bâtiment du côté de l'E. — M. Berbrugger, Conservateur du
Musée d'Alger, l'avait exploré à la fin de 1855 et dans les premiers mois de l'année suivante. Dès le 23 novembre 1865, com-
mencèrent de nouvelles explorations ordonnées et patronées
par l'Empereur, qui chargea M. O. Mac Carthy, ingénieur civil,
d'entreprendre les travaux de recherches, conjointement avec
M. Berbrugger. Le 5 mai 1866, la sonde artésienne indiqua une
cavité bâtie; le 15 du même mois, on pénétra horizontalement
dans une galerie dont la porte fut découverte le 18. Au pied,
et au-dessous de la fausse-porte de l'Est, on trouve un couloir
bas, en pierres de taille. En débouchant de ce passage dans
l'intérieur, on arrive à un grand caveau voûté, au fond duquel

apparaît une excavation. A droite est la porte basse d'un nouveau couloir. Cette porte est surmontée d'un linteau où sont sculptés en relief un lion et une lionne d'un travail assez médiocre. Arceaux, couloir et galerie, tout est dallé en pierres ajustées au moyen d'entailles faites aux angles. Du couloir dont on vient de parler, on passe dans la grande galerie, à laquelle on monte par un escalier de sept marches. La grande galerie haute de 2 m. 52 c. et large de 2 m. 07 c., est bâtie toute en pierres de taille comme le reste. De trois mètres en trois mètres, environ, on a ménagé dans l'épaisseur du mur de petites niches destinées à recevoir des lampes, ainsi que l'attestent des traces de fumée. Quand on parcourt une bonne partie de la grande galerie, on trouve sur la gauche une énorme excavation. Un peu plus loin, sur la droite, on rencontre l'issue ou boyau de mine, par lequel on est entré dès le 15 mai. En continuant de parcourir la grande galerie, on remarque qu'elle s'infléchit fortement à gauche et de manière à se diriger vers le centre du tombeau. A l'extrémité on rencontre un nouveau couloir. Après l'avoir dépassé on est dans un caveau, d'où l'on pénètre, par un second couloir, dans un caveau plus grand, où avaient été probablement déposés les restes de Juba II et de Cléopâtre Séléné.—On y remarque trois grandes niches à lampes. Deux grandes pierres restaient sur le sol et ont pu appartenir au socle sur lequel étaient déposées les urnes ou les momies. Couloirs, caveaux et galeries ont un développement total d'environ 170 mètres.

Jusqu'ici, et sauf découvertes ultérieures, les objets recueillis dans ce monument et les notions qui le concernent plus ou moins directement, conduisent à ces conclusions :

Le Tombeau de la Chrétienne doit avoir été violé peu après la mort du dernier roi de Mauritanie, assassiné à Rome 40 ans après J-.C., par ordre de Caligula; il semble que son entrée ait été ignorée des Arabes. En tous cas, il est certain qu'elle n'était pas connue dans le xviᵉ siècle, puisque, pour la chercher, Sala Raïs, pacha d'Alger, a ouvert du côté de l'E., une brèche considérable dans le monument.

Les personnes qui désirent visiter le Tombeau de la Chrétienne sont informées que, d'après une décision officielle, la clef en est actuellement confiée à la garde de MM. Dorvaux et Meyer, fermiers à Beauséjour, entre Tagourait-Bérard et Tipaza, sur la route du littoral, à 2 kilom. au N.-E. du monument et sur la ligne même qu'il faut suivre pour y arriver, en venant d'Alger ou de tout autre point intermédiaire.

Afin d'éviter aux visiteurs qui viendraient par une autre direction, notamment par la plaine, le surplus de chemin qu'il leur faudrait faire pour aller à Beauséjour, au bord de la mer, et remonter sur le plateau du *Kober Roumïa*, il a été disposé que, le *jeudi* et le *dimanche*, il y aurait toujours quelqu'un en station au Tombeau avec la clef de l'hypogée. En choisissant un de ces deux jours, les visiteurs dont il s'agit éviteront l'inconvénient qu'on vient de signaler.

Dans l'intérêt des touristes qui veulent visiter le mausolée royal de Mauritanie, nous ajouterons à l'avis qu'on vient de lire quelques renseignements essentiels sur les différentes manières de faire cette très-curieuse excursion.

Le visiteur qui peut ne pas regarder au temps ni à la dépense, doit aller au Tombeau de la Chrétienne — dans sa voiture ou dans une calèche de louage — en suivant constamment le bord de la mer, par une route excellente jusqu'au Mazafran et passable sur l'embranchement qui passe par Fouka maritime, Bou-Ismaël, etc. Il reviendra ensuite par Koléa.

Dans ce système, voici l'emploi du temps :

1er jour. — Départ d'Alger ; dîner et coucher à Bou-Ismaël, à l'hôtel Cheviron.

On a tout le loisir de voir ce beau village qui donne une idée de l'heureuse transformation que peut subir notre littoral algérien, aujourd'hui couvert encore de broussailles presque partout

2e jour. — Arrivée au Tombeau, vers 7 ou 9 heures du matin, selon la saison (1). On a tout le temps de l'examiner en détail, au dedans comme au dehors, et même de déjeûner.

Par prudence, se munir de provisions de bouche.

Dîner et coucher à Koléa, hôtel *de Paris*, chez M. Pizot.

3e jour. — Retour à Alger pour l'heure du déjeûner.

Quant au touriste qui est obligé de ménager le temps et la dépense, voici un devis qui lui convient.

1er jour. — Aller à Koléa par la voiture de 3 heures de l'après-midi.. 3 fr.

Dîner et coucher à Koléa............................ 5

2e jour. — Aller au Tombeau et revenir dans une voiture de louage.................................... 10

Déjeûner et menus frais imprévus................. 4

Retour à Alger par la diligence de l'après-midi.... 3

_____

25 fr.

Total des dépenses : vingt-sept heures et vingt-cinq francs. On aura eu rarement occasion de faire un meilleur usage de son temps et de son argent *(Moniteur de l'Algérie)*.

4" CHATERBACH, hameau de 18 habitants.

_____

(1) Ne pas oublier, en passant devant la ferme de Beauséjour, située à gauche du chemin, quatre kilom. environ après Tagourait-Bérard, d'avertir le surveillant qui se munira de la clef du Tombeau et guidera le visiteur dans le souterrain.

COMMUNE DE MOUZAIA-VILLE.

Mouzaïa-Ville est située au pied du versant septentrional de l'Atlas, sur la lisière méridionale de la Metidja, et sur la route de Blida à Cherchel, à 12 kilom. O. de Blida et à 5 kilom. de la rive gauche de la Chiffa.

Mouzaïa-Ville, créée par arrêté du 22 décembre 1846, près de l'emplacement d'un ancien poste romain, nommé *Tanaramusa Castra*, a été constituée en commune, par le décret du 31 décembre 1856. — L'Empereur, revenant de Miliana, le 7 mai 1865, a traversé cette malheureuse commune, alors florissante.

Le territoire de Mouzaïa-Ville a été le centre de la commotion épouvantable du tremblement de terre qui a ébranlé toute la région du petit Atlas le 2 janvier 1867. — Mouzaïa-Ville a été entièrement détruite ! Ses 175 maisons se sont écroulées en deux secondes, à 7 heures 15 minutes du matin. 48 habitants ont été tués, — plus de cent ont été blessés. — L'administration concourt avec ce qui reste de la population de ce canton, naguère heureuse, à relever de leurs ruines la ville et les villages circonvoisins ses annexes, presqu'aussi désolés qu'elle-même. Pour recommencer les travaux de reconstruction, toutes les maisons ont dû être démolies.

D'après les états fournis par la Commission d'expertise, instituée par le Gouverneur général, et approuvée par lui le 10 février 1867, les pertes s'élèvent à 693,841 francs.

Pertes immobilières...... 603,266 fr. }
— mobilières........ 90,266 } 693,841 fr.

Mouzaïa-Ville est baignée par deux ruisseaux voisins, amenés au point culminant de son territoire par des aqueducs maçonnés de 5,993 mètres de développement, qui les reçoivent de deux barrages élevés en amont. Du côté de Blida, ils alimentent une fontaine et un abreuvoir. Un puits de 16 mètres donne aussi une onde abondante. Le territoire est fertile en fruits; les vergers y sont magnifiques. L'administration a fait planter 795 arbres de diverses essences, qui ont parfaitement réussi.

On tire parti, pour les besoins de Médéa et de Blida, d'un gisement de plâtre, sur la rive droite de la Chiffa. Il y a un marché arabe tous les samedis.

A Mouzaïa-Ville se rattachent :

1° *Bou-Roumi*, colonie agricole de 1848, sur la lisière méridionale de la plaine de la Metidja, à 17 kilom. ouest de Blida. Le palmier-nain a opposé de grands obstacles au développement agricole de ce centre de population. Un barrage établi au Bou-Roumi dès 1850, a permis d'amener, au moyen d'acqueducs maçonnés et couverts, de 5,315 mètres de longueur, une quantité d'eau suffisante pour l'irrigation des jardins. Une fontaine-abreuvoir et un lavoir couverts ont été construits. La grande route de Blida à Cherchell et à Miliana, traverse le village, où un grand nombre de maisons ont été détruites, 4 personnes tuées et 12 blessées. Le pont de pierres et fer a été considérablement endommagé, et celui sur l'oued Djer également.

2° *La Chiffa*, village fondé par l'arrêté du 22 décembre 1846, près de la rive gauche de la rivière de ce nom, a son entrée dans la plaine, à l'endroit où la route de Blida se bifurque vers Médéa et Miliana, à 8 kilom. S.-O. de Blida. La localité jouit de bons arrosages assurés par un canal de dérivation qui fertilise toute la partie basse du territoire. L'administration a fait planter sur les boulevards 370 arbres d'essences variées. Une fontaine-abreuvoir et un lavoir ont été construits. La moitié des maisons a été renversée, le reste est lézardé.

La population de ces différents centres, aujourd'hui presque sans asile, était de 1,076 Français, 145 Etrangers, 8 Juifs, 206 Musulmans.

Les sections communales de Mouzaïa-ville sont :

1° EL-AFROUN, colonie agricole de 1848, sur la lisière méridionale de la plaine de la Metidja, au pied d'un mamelon, à 19 kilom. O. de Blida. On trouve, à cet endroit, des blocs de pierre très-dure et de grain très-fin, que l'industrie peut employer comme meules de moulins à farine. L'administration a embelli les boulevards et la place du village, de 244 arbres d'essences différentes. Deux puits, deux fontaines-abreuvoirs et deux lavoirs couverts, desservent la localité. La plupart des maisons a été détruite. Sur cent, une seule, construite en chevrons de bois et en briques, a résisté.

Il y a eu, dans cette catastrophe 12 personnes tuées et 50 blessées.

Les mêmes routes qui passent à Bou-Roumi, traversent El-Afroun, où la population était de 331 Français, 70 Etrangers et 59 Arabes.

2° LES TRIBUS DU MOUZAIA, consistant en 2138 âmes.

3° LA TRIBU DES HADJOUTES — 1523 individus, dont 27 Français.

TERRITOIRE MILITAIRE.

Ainsi que nous l'avons promis, nous atteindrons, à l'E. d'Alger, dans la division militaire d'Alger, subdivision de Dellys, quelques points stratégiques d'une

haute importance, qui ont été colonisés en Grande
Kabylie.

GRANDE KABYLIE.

La Grande Kabylie, objet de tant d'études, qui commence à
64 kilom. d'Alger, sur la rive droite de l'Isser, est cette région
montagneuse qui, présentant la forme d'un vaste quadrilatère,
appuie ses angles sur Dellys et Bougie au N., sur Aumale et
Sétif au S. Coupée transversalement, du S.-O. au N.-E., par le
Djeurdjeura (*Mons Ferratus* des Romains), elle a une étendue
cultivable de 170,926 hectares, et une population de 373,120 habitants, en 1352 villages ou hameaux. La Kabylie contenant
plus d'habitants que le sol ne peut en nourrir, on compte
8,504 émigrants. Aux époques historiques les plus reculées,
ses habitants, les plus anciens occupants de l'Afrique, qui
avaient déjà recueilli dans leur sein tant de débris des civili-
sations éteintes, étaient désignés sous le nom de *Quinque-Gentii*
(les Cinq-Tribus). Les Romains ne pénétrèrent pas très-avant
dans leurs montagnes, à en juger par le peu d'importance des
ruines rares qu'on rencontre sur ce territoire. Les Vandales,
les Huns, les Suèves trouvèrent un refuge dans ce pays, et
ont laissé les traits caractéristiques de leurs races à plus d'une
tribu. Lorsque les Arabes l'envahirent à leur tour, ils don-
nèrent à ces restes de nations diverses le nom de *Kabyles
(Devanciers)*. Les Turcs, à leur arrivée, relevèrent quelques
forts dans l'intérieur du pays : Bordj-Sebaou et Borj-Tizi-
Ouzzou, sur le versant N. du Djeurdjeura; Bordj-Bou-R'ni et
Bordj-Bouïra, de l'autre côté. D'ailleurs, ils n'y purent jamais
obtenir de soumission formelle et durable.

Les crêtes rocheuses que dresse le Djeurdjeura élèvent des
pics à plus de 2,000 mètres au-dessus du niveau de la mer.
C'est là qu'habitent les Zouaoua. Dans cette *Suisse sauvage*,
ainsi que l'appelle le colonel Daumas, en son livre de *la Grande
Kabylie*, les singes font de grands ravages et marchent en
troupes formidables.

Les Zouaoua, fort industrieux, sont les Auvergnats de l'Algérie, et s'expatrient en jouant de leur flûte pour gagner
quelque petit pécune qu'ils rapportent en Kabylie.

Dans tout leur pays il y a des métiers à tisser et des fabriques de fers à cheval, de socs de charrue et de ferrements de
portes. Dans le Djeurdjeura circulent des colporteurs de tissus,
d'objets de mercerie et de droguerie en tous genres, fournis par l'entrepôt d'Aït-Ali-ou-Harzou. Leurs transactions se
font au moyen d'échanges de produits agricoles.

Les Beni Atteli produisent du savon, les Aguacha fabriquent

des ustensiles de bois, les Beni Frah des ouvrages en argent, à Agemoun Izen. Un atelier du même genre existe à Taddert-ou-Fellah, dont les habitants font aussi de la chandelle. A Taguemount Gouadefel on confectionne des semelles en peau de bœuf.

La totalité des tribus qui occupent le versant septentrional du Djeurdjeura comprend 197 villages, où l'on peut lever 21,450 hommes. L'oued Sebaou ou Nessa, qui coule de l'E. à l'O. et du S. au N., et se jette à la mer à l'O. de Dellis, arrose cette contrée. Les Flisset Oum el-Lil *(les Enfants de la nuit)*, ainsi nommés à cause des camps turcs détruits par eux dans des surprises nocturnes, habitent les cantons voisins.

Au versant méridional du Djeurdjeura, coule de l'E. à l'O. l'oued Sah'el, qui, après avoir porté les noms d'oued Lekah'al, d'oued Eddous, d'oued beni-Mançour, et reçu l'oued Bou-Sellam, venant de l'E., se déverse à la mer, au S.-E. de Bougie. Il y a de ce côté plus de 500 villages ou hameaux, et l'on peut y compter sur plus de 40,000 hommes.

Les Kabyles répandus sur les hauteurs de l'Afrique septentrionale et isolés en vastes groupes par l'agglomération des populations survenues, ont une communauté d'usages et de langage qui doit frapper l'esprit attentif, et y porter la preuve qu'ils sont les primitifs habitants du pays. La langue *berberia*, qu'ils parlent partout, affecte le dialecte dit *Zouaouïa* dans la Grande Kabylie. Ils sont assez peu fidèles aux observances de leur religion, que les marabouts et les chefs parlant arabe connaissent et pratiquent seuls. On voit encore, sur le front et le nez de leurs femmes, un léger tatouage, représentant une croix, lointain vestige du Christianisme.

Le Kabyle n'est point nomade. Il est industrieux. Il fait de bonne huile, du savon noir avec l'huile d'olive et la cendre du laurier rose; il tresse des paniers, confectionne des nattes en palmier nain, file des cordes en poil de chèvre et poussait l'habileté industrielle jusqu'à produire de la fausse monnaie à Aït el-Arba. La fabrication de la poudre était concentrée, avant la conquête, dans la tribu des Reboulas et à Tablabel, chez les Beni Raten. Les Flissa faisaient l'arme blanche; les Beni Abbas, le fusil tout entier.

Chez les Beni Abbas est la curieuse ville de Kalaâ, divisée en quartiers, sur une plate-forme, où l'on ne peut parvenir que par un chemin qui serpente au sommet de crêtes étroites. Les femmes y sont jolies et les hommes propres.

Chez les Fenayas sont les restes d'une ville antique, dont les remparts sont conservés; on y voit debout une statue colossale. Les Beni Oudjal ont aussi une ville ruinée.

Telle est la Grande Kabylie, totalement conquise par de brillants faits d'armes, au mois de mai 1857.

TIZI-OUZZOU.

Tizi-Ouzzou, chef-lieu de cercle, est situé en pleine Kabylie à 100 kilom. d'Alger, sur la route d'Alger à Fort-Napoléon, au milieu d'un pays extrêmement fertile, dominant le cours moyen et supérieur du Sebaou, adossé aux contre-forts qui descendent directement des pics du Djeurdjeura.

Les Turcs pour exercer sur le commerce et l'industrie des contrées environnantes une surveillance fiscale, avaient bâti sur cette position un bordj où ils entretenaient une petite garnison. Après la chute de leur pouvoir, ce bordj resta longtemps inhabité. Il tombait en ruines, lorsqu'en 1851, le Gouverneur général ordonna de le réparer, et en fit l'habitation provisoire de Bel Kassem ou Kassi, notre Bach agha du Sebaou. Vers la fin de 1855, il en fit le centre d'un nouveau cercle, et dès les premiers jours de 1856, lui donna un développement en rapport avec le rôle important que lui assure sa position.

Un mur d'enceinte, d'environ 700 mètres de circuit, et flanqué de bastions, a été construit autour du bordj du côté du Sud, de l'Ouest et du Sud-Ouest. Le long de ce mur et à l'intérieur, s'élèvent des constructions spacieuses qui, servant de manutention, de magasins, d'ambulance, de casernes, de pavillons pour les officiers, de bureau arabe et de maison des hôtes, forment un poste-magasin considérable où peuvent être reçus 400 malades et les approvisionnements nécessaires pendant trois mois, à une colonne de 8,000 hommes et de 800 chevaux.

Cette enceinte, ces bâtiments d'un aspect imposant, les énormes mouvements de terre qu'a nécessités le ravin qui coupait le terrain sur lequel on devait bâtir, et qu'on a dû combler, tout cela a été exécuté par le Génie avec une telle activité, que, dans l'espace de moins de six mois, non-seulement le poste se trouvait à l'abri de toute attaque, mais que la plupart des locaux avaient été terminés et mis en état d'être occupés.

Justice de paix, église — école de filles, salle d'asile, école arabe-française — fontaine, abreuvoir et lavoir public. — Rues larges, propres, bordées d'arbres ; maisons convenablement aménagées, hôtel pour les voyageurs, café-chantant, diligences, bureau de poste. Station télégraphique. Presque tous les habitants vivent de leur commerce avec la troupe. Au pied du monticule sur lequel le fort est assis, et à une distance de moins de 200 mètres, se trouve le village kabyle.

La population de Tizi-Ouzzou est de 276 individus, dont 205 Français, 36 Étrangers, le reste en Indigènes. L'Empereur a traversé cette localité les 24 et 25 mai 1865.

Dans le cercle de Tizi-Ouzzou il y a 24 tribus soumises à l'organisation kabyle et administrées par des chefs nommés à l'élection.

« Comme aspect général, la route de Tizi-Ouzzou à Fort-Napoléon est pittoresque et variée. Sur les flancs abruptes des monts qu'elle sillonne, des frênes, des oliviers au pâle feuillage, des figuiers aux larges feuilles, étendent çà et là leurs ombres clair-semées; quelques champs d'orge ou de blé se montrent jaunissant sous le soleil qui les dore; les eaux claires des sources descendent en sinuant les pentes des collines, traçant sur leur passage un long chemin de verdure. Dans le fond des vallées, à trois ou quatre cents mètres de profondeur, partout où les eaux des torrents d'hiver ont amoncelé la terre, où les sources s'épanchent, où les vents du Nord ne soufflent pas, la végétation est verte et serrée comme une forêt de France au printemps.

« Selon les caprices du chemin on voit à l'horizon, tantôt le Djeurdjeura et ses neiges éternelles, tantôt les vallées du Sebaou ou de l'Oued Aïssi, avec leurs profondeurs blanchâtres, éclairées par intervalles sous une eau rare et miroitante.

« Sur toutes les côtes, à tous les horizons, des villages, amas de maisons entassées sans ordre et sans rues, projettent dans le ciel leurs toits rougeâtres. Ceux que la route sillonne laissent apercevoir des intérieurs de masures à demi-détruites, aux murs épais et mal crépis, aux portes basses, aux étroites ouvertures. » *(E. Carrey)*.

FORT-NAPOLÉON.

Avant de s'engager par le col des Beni Aïcha dans ce réseau de montagnes abruptes dont les tribus de la Kabylie occupent les crêtes escarpées et les gorges étroites, la route d'Alger à Fort-Napoléon traverse une contrée transformée par la culture européenne.

A Souk-el-Arba, à 125 kil. d'Alger, au milieu de l'ancienne confédération des Beni Raten, sur l'emplacement du village des Ichernaïouas s'élève Fort-Napoléon, grand parallélogramme dont les murs sont en pierre.

Les travaux ont quelque chose de gigantesque. L'enceinte, flanquée de dix-sept bastions, offre un développement de 2,500 mètres. Elle est percée de deux portes: celle d'Alger et celle du Djeurdjeura, élégamment construites en marbre blanc, que fournissent d'abondantes carrières exploitées au pied du fort. L'intérieur, surface

de 12 hect. fortement accidentée, est couvert de grands
bâtiments. En entrant par la porte d'Alger, et se dirigeant vers celle du Djeurdjeura, on laisse successivement à la droite : la Maison des hôtes, le Bureau arabe,
la Prison, le local du Service télégraphique, et sur
le sommet de la hauteur, autour du village d'Imaï-
ren, maintenant démoli, une caserne pour un bataillon ; plus loin, c'est le Cercle des officiers, le Pavillon
du Commandant de place, la maison du Commandant
supérieur, située en arrière de ces deux dernières, et
immédiatement après, deux casernes, chacune pour un
bataillon. A gauche on voit d'abord l'emplacement de la
meule à fourrages, puis les ateliers du Génie, le casernement de la cavalerie pour 200 chevaux, qui s'étend
le long de la route jusqu'auprès de la porte du Djeurdjeura, et enfin, entre ce casernement et la fortifica-
tion, l'Intendance, l'infirmerie spacieuse et bien aérée
pour plus de 100 malades où les habitants civils sont
admis, et les magasins des Subsistances, des Lits militaires et du Campement, dont le principal n'a pas
moins de 90 mètres de façade. Les pavillons destinés
aux logements des officiers sont vastes et confortables.
L'Empereur est venu visiter ce point le 25 mai 1865.

Il a été créé une école des arts-et-métiers, afin d'en-
seigner le perfectionnement des arts industriels aux
populations kabyles, éminemment intelligentes. Cette
école qui compte quarante-cinq élèves, fournira des
ouvriers capables de réparer et de confectionner l'ou-
tillage des usines, notamment des moulins à huile, qui

se multiplient dans la circonscription de Dra-el-Mizan.

Le quartier civil s'élève au milieu de la ville militaire, dans l'enceinte du fort. Elle est située tout le long de
la route. On y voit des magasins et des auberges dont
quelques-uns ont été faits avec le plus grand soin. L'ensemble des constructions, en y ajoutant les maisons des
colons, comprend 67 bâtiments, et forme comme une
grande et imposante cité qui, sortie du sol comme par
enchantement, domine le pays nouvellement conquis,
et force à la soumission et au respect les populations
environnantes. Il y a un collége mixte. La population
est de 228 individus — 168 Français, 39 Etrangers, 8
Juifs, 13 Musulmans.

Indépendamment des fontaines qui existent dans
l'enceinte et qui ont été nettoyées et rebâties, on a
conduit dans l'intérieur au moyen d'un syphon, les
eaux d'une source située à Aboudid. Elles sont reçues
dans un bassin d'où elles peuvent se diviser de toutes
parts. En dehors, et près de l'enceinte, un jardin potager a été créé par nos soldats. On y a planté des arbres
fruitiers de toute espèce, afin de les répandre parmi les
Kabyles. La route de Tizi-Ouzzou à Fort-Napoléon s'est
maintenue en bon état. Quant aux villages qu'elle traverse ou qui apparaissent au loin, ils sont en grande
partie rebâtis et peuplés.

Le cercle de Fort-Napoléon circonscrit quinze tribus
soumises à l'organisation kabyle et administrées par des
chefs nommés à l'élection.

DRA EL-MIZAN.

Dra el-Mizan, chef-lieu de cercle, situé à 60 kilom. d'Alger et à 24 de Dellis. Ce cercle a été constitué après la conquête de la Grande Kabylie, en 1857. Un noyau de population européenne qui s'élève aujourd'hui à 238 individus, dont 170 Français, 18 Étrangers et le reste Indigènes, vivant de la présence de quelques troupes sur ce point, y avait élevé une douzaine de maisons. On lui a accordé une zône de 85 hectares. Les habitants ont planté dans leurs jardins 350 arbres fruitiers. Ils ont un moulin à manège pour le blé et un autre pour l'huile que l'on extrait des olives achetées aux Kabyles. Un autre moulin à huile a été élevé par un européen à Bou R'ni, à 12 kilom. environ de Dra el-Mizan. Il fonctionne aujourd'hui par la vapeur. Station télégraphique.

Ce cercle circonscrit sept Kaïdats et dix-neuf tribus.

Nous bornons ici nos excursions autour de la ville d'Alger ; le touriste qui voudrait pousser plus loin ses explorations, trouverait sur toutes les localités de l'Algérie en ses trois provinces, des renseignements du même genre que ceux que nous venons de donner dans l'ouvrage complet, intitulé l'*Indicateur général de l'Algérie,* dont celui-ci est un extrait.

On aura pu voir dans cette rapide description qu'Alger, en 1867, avec son aspect joyeux et pittoresque, avec ses ressources de toute espèce, le mouvement constant de ses places et de ses rues, est le véritable Paris de l'Afrique française. On peut y rencontrer ce qu'on cherche à Paris, et on y trouve ce que Paris ne saurait avoir dans un rayon aussi rapproché : environs émaillés de verdure et de fleurs, — température printanière des hivers, — climat parfaitement sain, — air pur et vivifiant. Les progrès manifestes dûs à l'administration et à l'initiative privée dans la capitale de notre colonie, nous permettrons de soutenir qu'il a été fait à Alger bien au-delà de ce que la prévoyance avait pu calculer *(Moniteur de l'Algérie,* 14 février 1867).

Ainsi quelques jours passés en Algérie auront suffi pour favoriser le bien-être physique et influer, au moral, sur le noble orgueil du patriotisme qui a tout inspiré et effectué en ce pays, à la gloire de la France.

LES ENVIRONS D'ALGER

à l'Echelle du 15.000.°

par O. Mac Carthy.

BASTIDE, ÉDITEUR

Place du Gouvernement, 4.

LE NORD

DE LA PROVINCE D'ALGER

à l'Echelle du 1.000.000.°

par O. Mac Carthy.

SIGNIFICATION

de quelques signes figurés à différents mots.

Ouad Rivière Vallée avec eau courante

Chaba Ravin aux eaux passagères

Oulad Enfants, Fils de

S Sidi, Seigneur titre des Marabouts

——— Routes de 1.° et de 2.° Classe

——— Routes communicantes et Chemins

□ Anciennes Redoutes (Rouï)

S I K. S I R. Sidi, Abd el Kader, Sidi Abd er Rahman

Echelle du 1.000.000.

Lith. Bastide a Alger

TABLE DES MATIÈRES.

AVANT-PROPOS.

ALGER, CAPITALE DE L'ALGÉRIE.

ENVIRONS D'ALGER

PAR ORDRE ALPHABÉTIQUE.

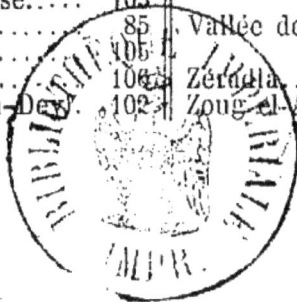

FIN.

www.ingramcontent.com/pod-product-compliance
Lightning Source LLC
Chambersburg PA
CBHW072104080426
42733CB00010B/2206